全国银行业专业人员职业资格考试热题库

风险管理（中级）

全国资格认证考试热题库编委会
邵冰　主编

策划编辑：陈希尔
封面设计：砚祥志远·激光照排

联系我们：
地址：辽宁省大连市沙河口区星海大厦
电话：0411-84669496
邮箱：retiku@retiku.cn

如有任何疑问
请联系客服人员

扫一扫，关注中国纺织出版社热题库系列

中国纺织出版社　中国纺织出版社　中国纺织出版社　中国纺织出版社
热题库　　　　　官方微信大众版　官方微博　　　　天猫旗舰店

ISBN 978-7-5180-4023-0

定价：58.00元

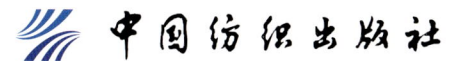
中国纺织出版社
全国百佳出版单位
国家一级出版社

内 容 提 要

本书主要依据中国银行业专业人员职业资格考试专业实务科目《风险管理》（中级）科目要求而编写，内容涵盖思维导图、模拟试卷、热题库三部分，思维导图能够帮助读者理清复习脉络，模拟试卷可以帮助读者检测复习效果，热题库可以帮助读者逐一击破考试重点、难点及易错点，增强应试能力。

图书在版编目（CIP）数据

全国银行业专业人员职业资格考试热题库. 风险管理. 中级／全国资格认证考试热题库编委会，邵冰主编. — 北京：中国纺织出版社，2018.1

全国资格认证考试热题库

ISBN 978-7-5180-4023-0

Ⅰ. ①全… Ⅱ. ①全… ②邵… Ⅲ. ①银行—从业人员—中国—资格考试—习题集 ②银行风险—风险管理—中国—资格考试—习题集 Ⅳ. ①F832-44

中国版本图书馆CIP数据核字（2017）第219549号

策划编辑：陈希尔　　责任印制：储志伟

中国纺织出版社出版发行
地址：北京市朝阳区百子湾东里A407号楼　邮政编码：100124
销售电话：010—67004422　传真：010—87155801
http://www.c-textilep.com
E-mail: faxing@c-textilep.com
中国纺织出版社天猫旗舰店
官方微博http://weibo.com/2119887771
三河市延风印装有限公司印刷　各地新华书店经销
2018年1月第1版第1次印刷
开本：787×1092　1/16　印张：11.75
字数：269千字　定价：58.00元

凡购本书，如有缺页、倒页、脱页，由本社图书营销中心调换

纺织社资格考试系列热题库

全国银行业专业人员职业资格考试热题库

《银行业法律法规与综合能力》（初级）

《银行业法律法规与综合能力》（中级）

《风险管理》（初级）

《风险管理》（中级）

《个人贷款》（初级）

《个人贷款》（中级）

《个人理财》（初级）

《个人理财》（中级）

《公司信贷》（初级）

《公司信贷》（中级）

《银行管理》（初级）

《银行管理》（中级）

全国期货从业人员执业资格考试热题库

《期货法律法规》

《期货基础知识》

《期货投资分析》

全国证券从业人员执业资格考试热题库

《金融市场基础知识》

《证券市场基本法律法规》

全国基金从业人员执业资格考试热题库

《基金法律法规、职业道德与业务规范》

《证券投资基金基础知识》

《私募股权投资基金基础知识》

心理咨询师国家职业资格考试热题库

《心理咨询师》（二级）

《心理咨询师》（三级）

目 录

一、热题库使用说明

二、思维导图

    第一章　风险管理基础

    第二章　风险管理体系

    第三章　信用风险管理

    第四章　市场风险管理

    第五章　操作风险管理

    第六章　流动性风险管理

    第七章　国别风险管理

    第八章　声誉风险与战略风险管理

    第九章　其他风险管理

    第十章　压力测试

    第十一章　风险评估与资本评估

    第十二章　银行监管与市场约束

三、模拟试卷

    《风险管理（中级）》模拟试卷（一）

    《风险管理（中级）》模拟试卷（二）

    《风险管理（中级）》模拟试卷（三）

参考答案及解析

第一章 风险管理基础

第一节 风险管理的基本概念

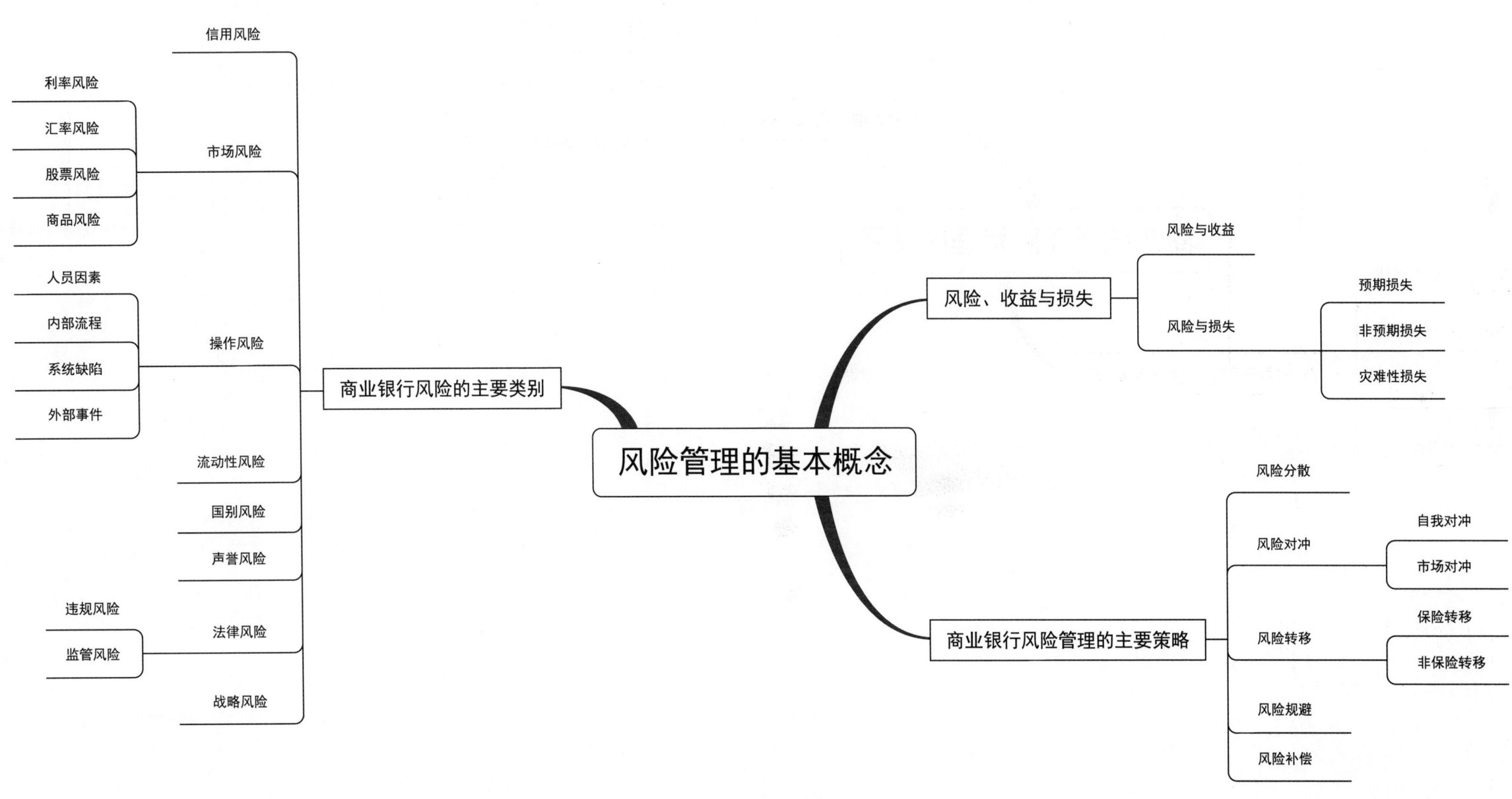

第二节 商业银行风险管理的发展

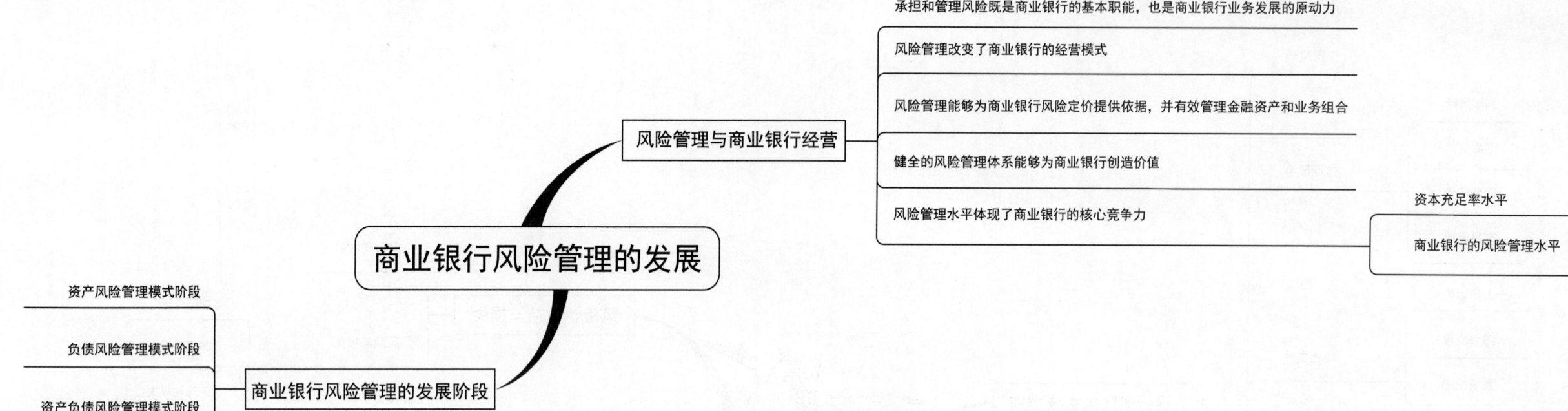

第三节 商业银行风险管理与资本管理

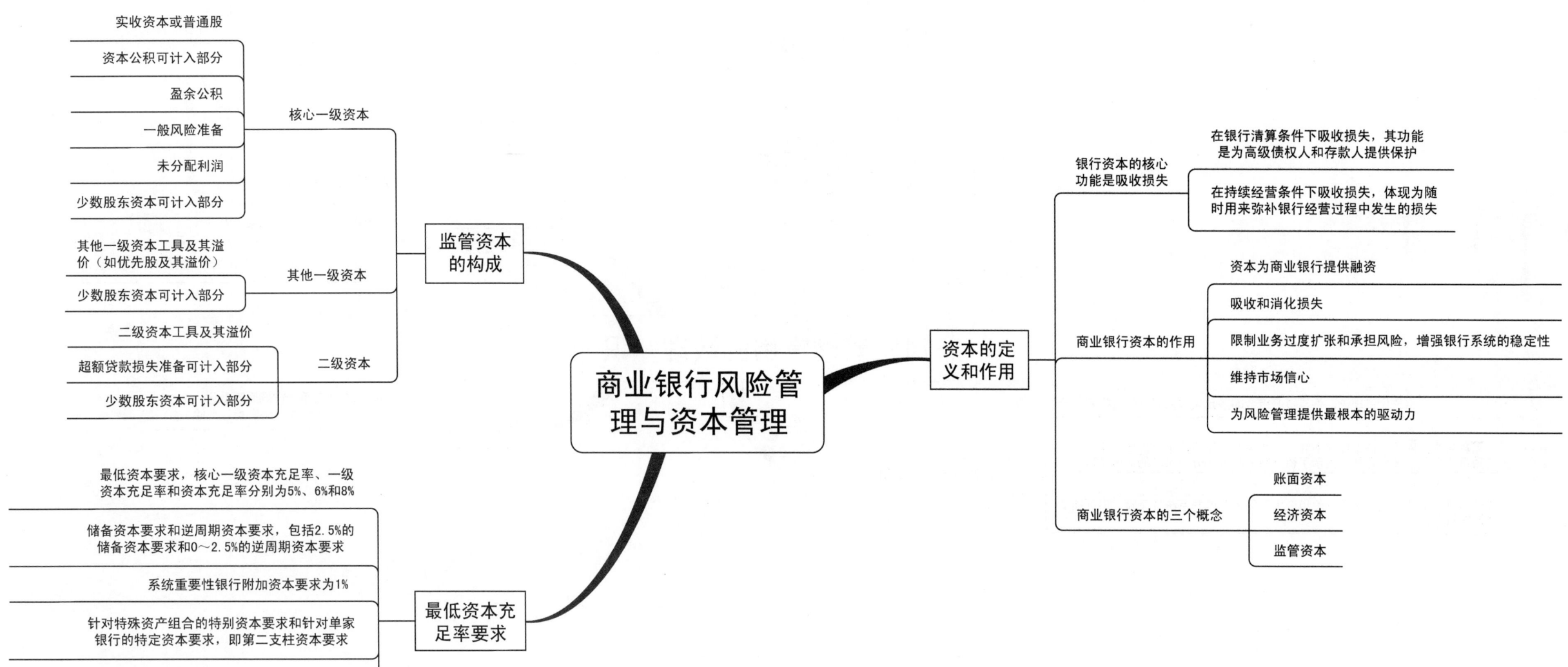

第四节 风险管理常用的数理知识

风险管理常用的数理知识

方差和标准差
- 方差的平方根称为标准差
- 标准差作为刻画风险的重要指标
- 资产收益率标准差越大，表明资产收益率的波动性越大

正态分布
- 正态分布广泛应用于市场风险量化，经过修正后也可用于信用风险和操作风险量化

投资组合分散风险的原理
- 根据投资理论，构建资产组合即多元化投资能够降低投资风险
- 当两种资产之间的收益率变化不完全正相关时，该资产组合的整体风险小于各项资产风险的加权之和，揭示了资产组合降低和分散风险的数理原理
- 充分多样化的资产组合可以消除组合中不同资产的非系统性风险，但不能消除系统性风险

第二章 风险管理体系

第一节 风险治理

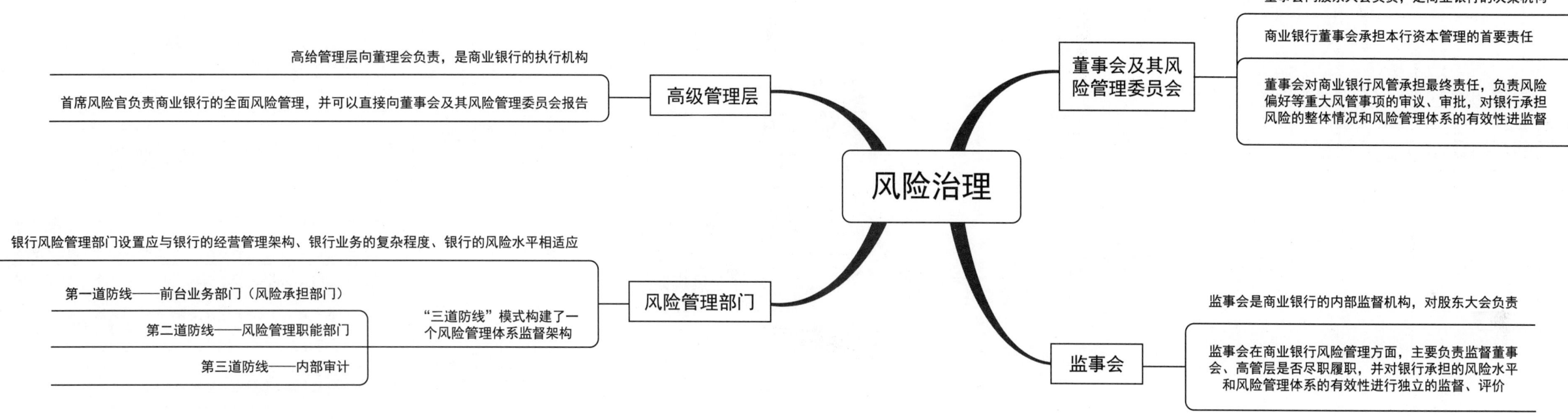

第二节 风险偏好和风险文化

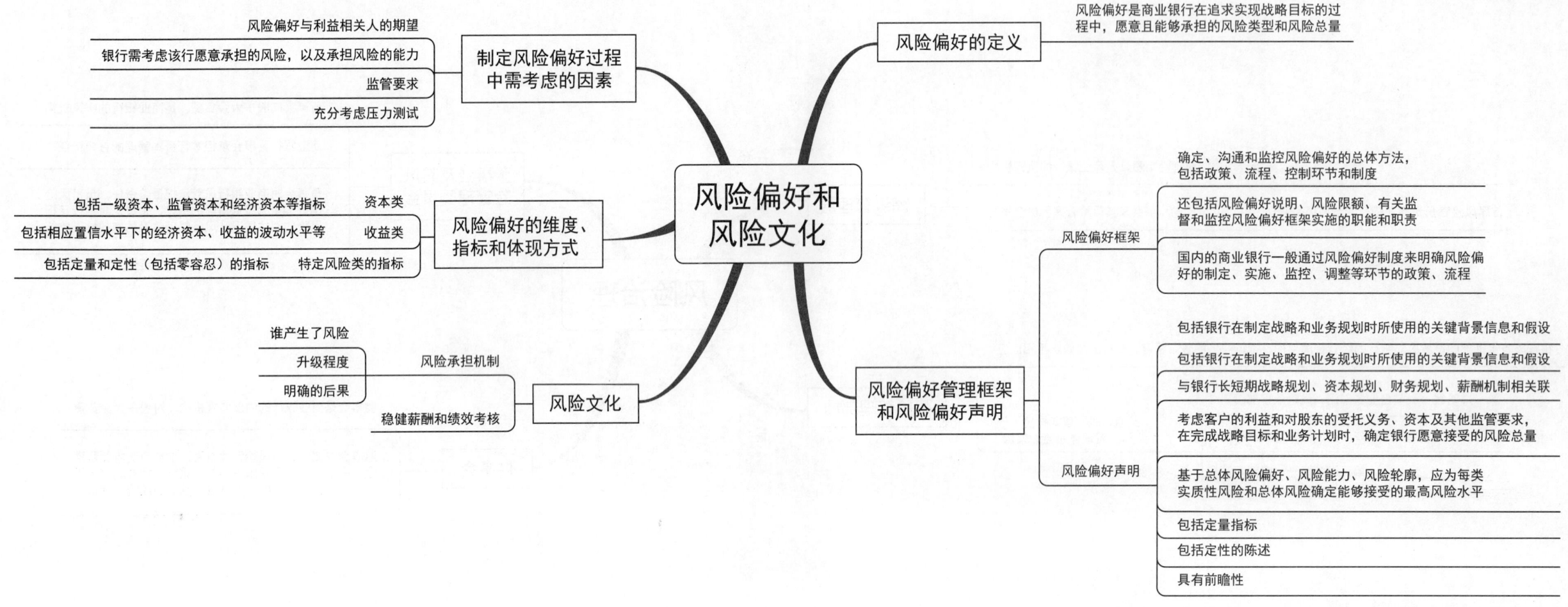

第三节 风险限额

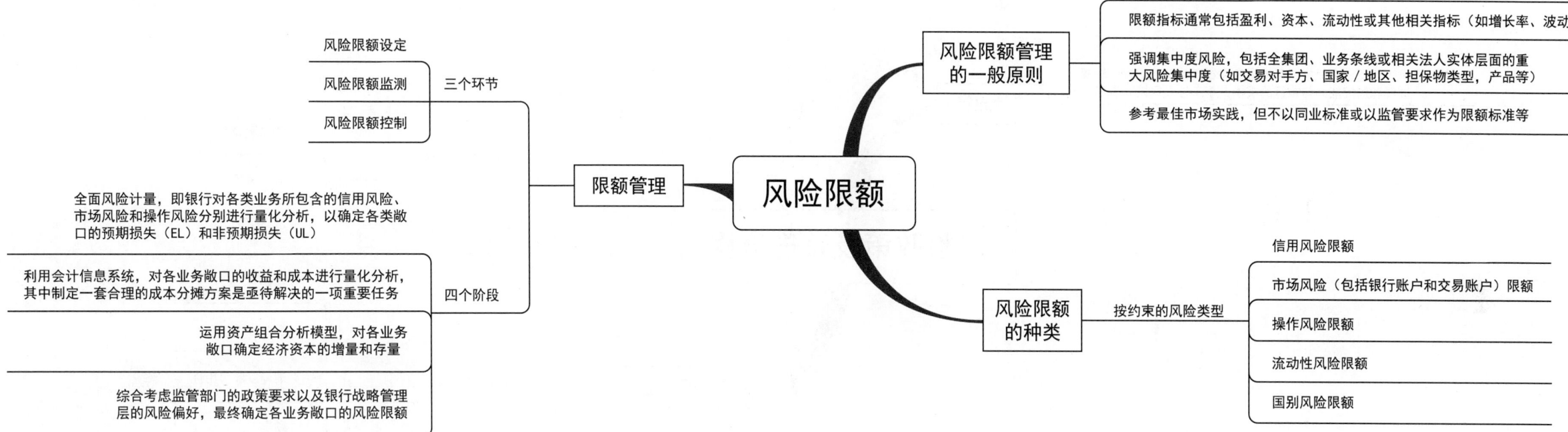

第四节 风险政策及管理流程

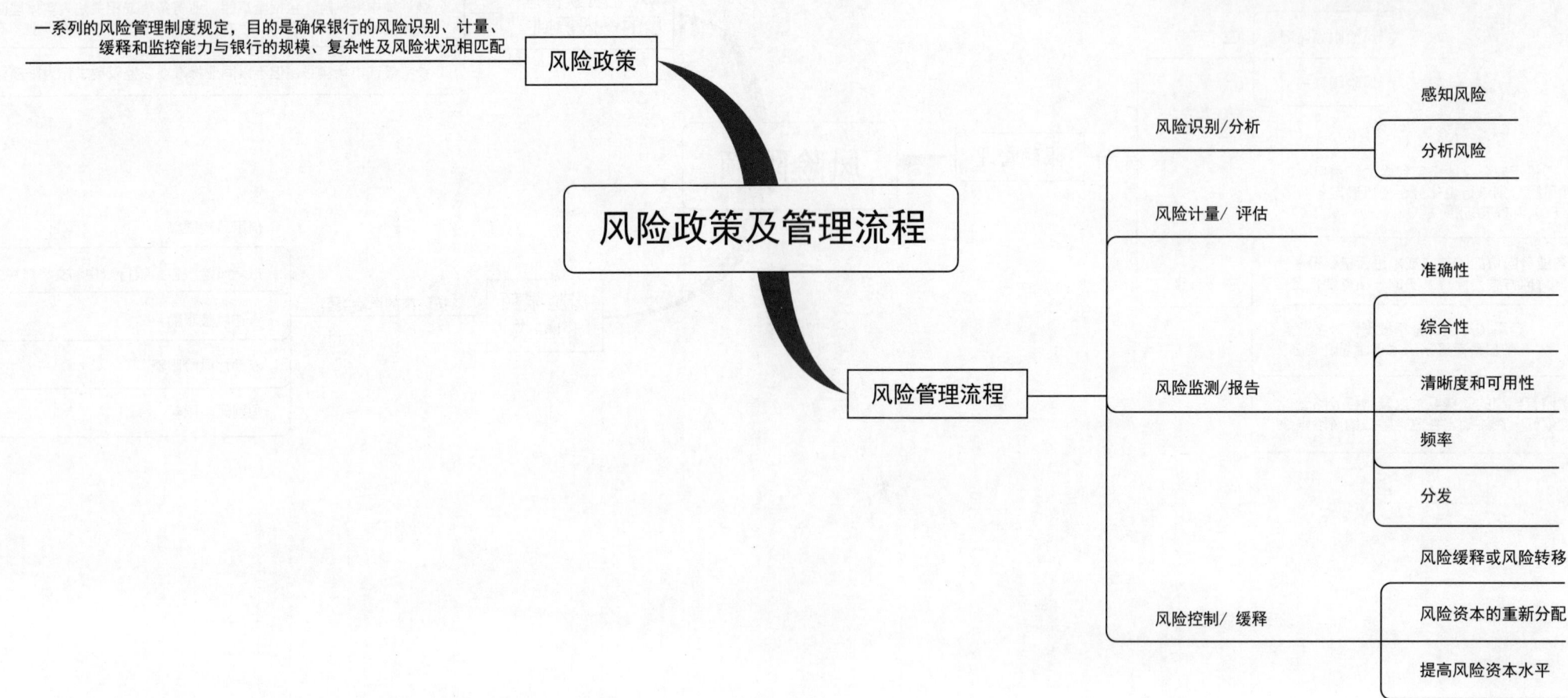

第五节 风险数据与 IT 系统

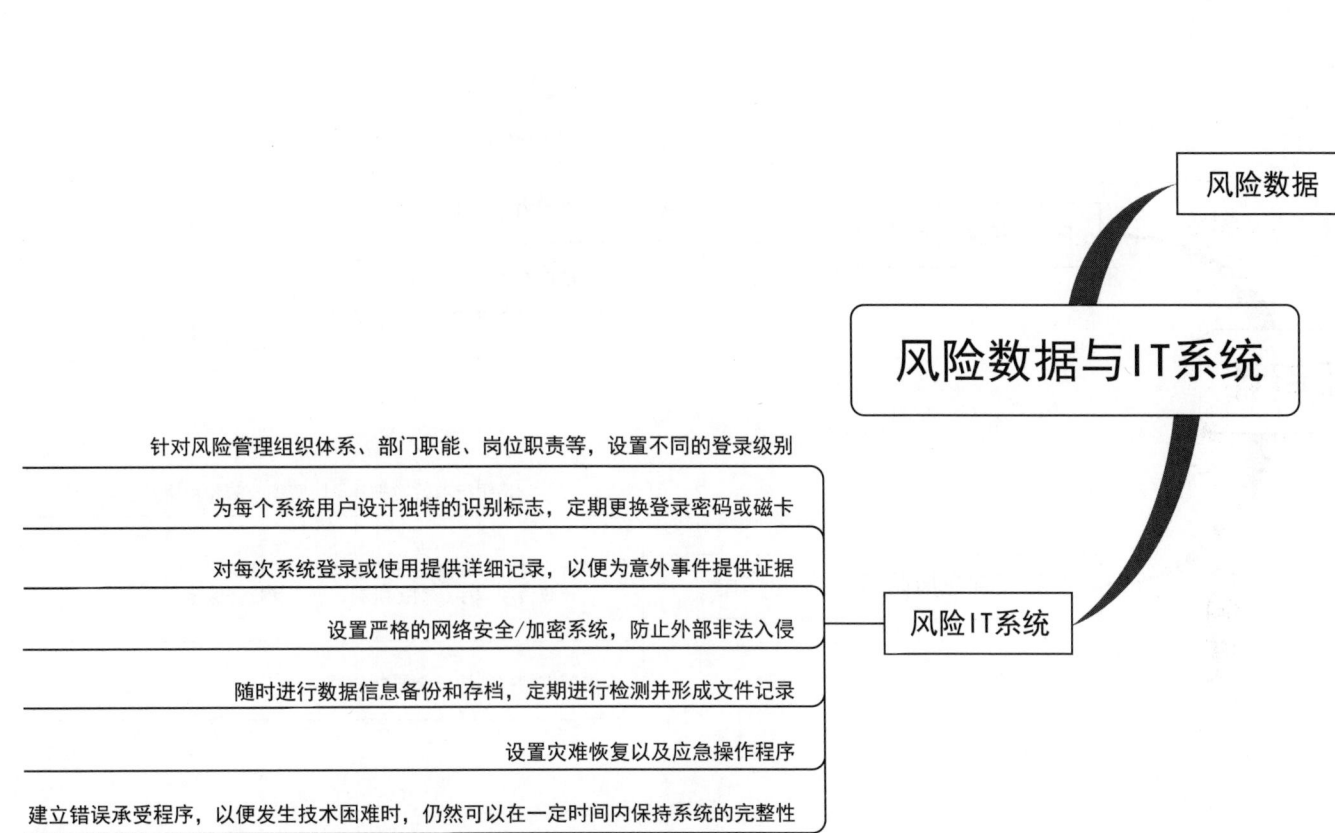

第六节 内部控制与内部审计

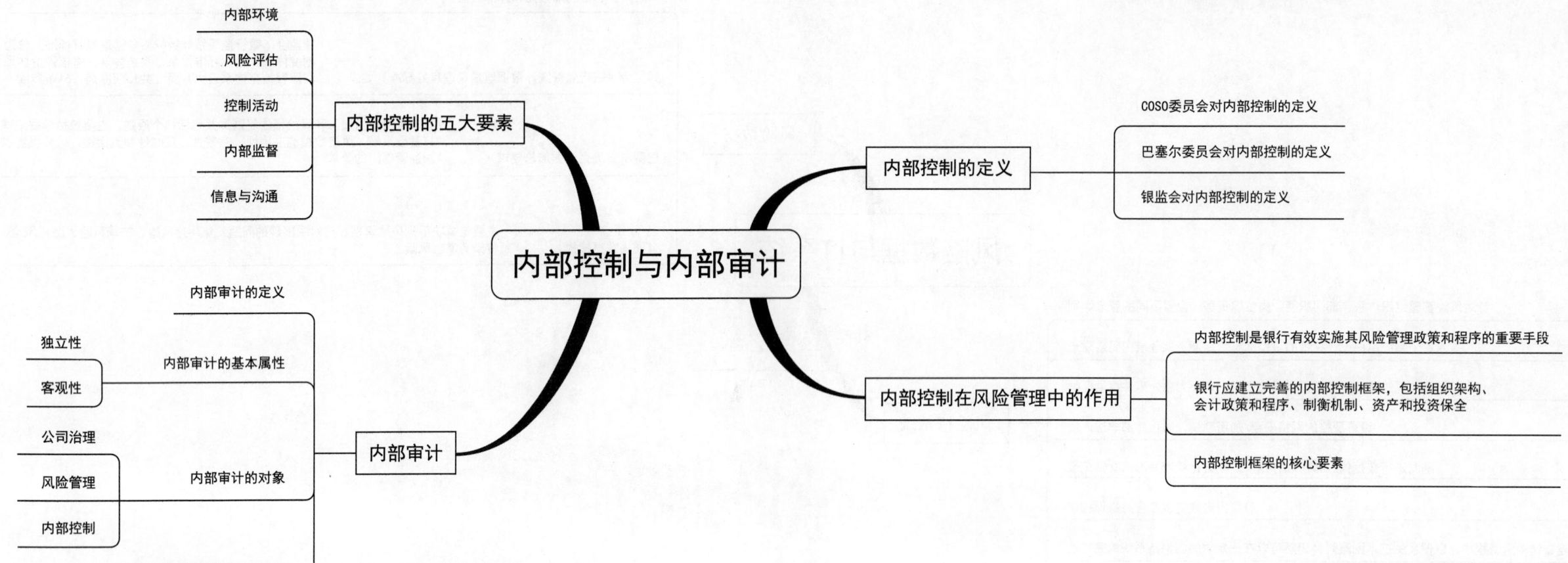

第三章 信用风险管理

第一节 信用风险识别

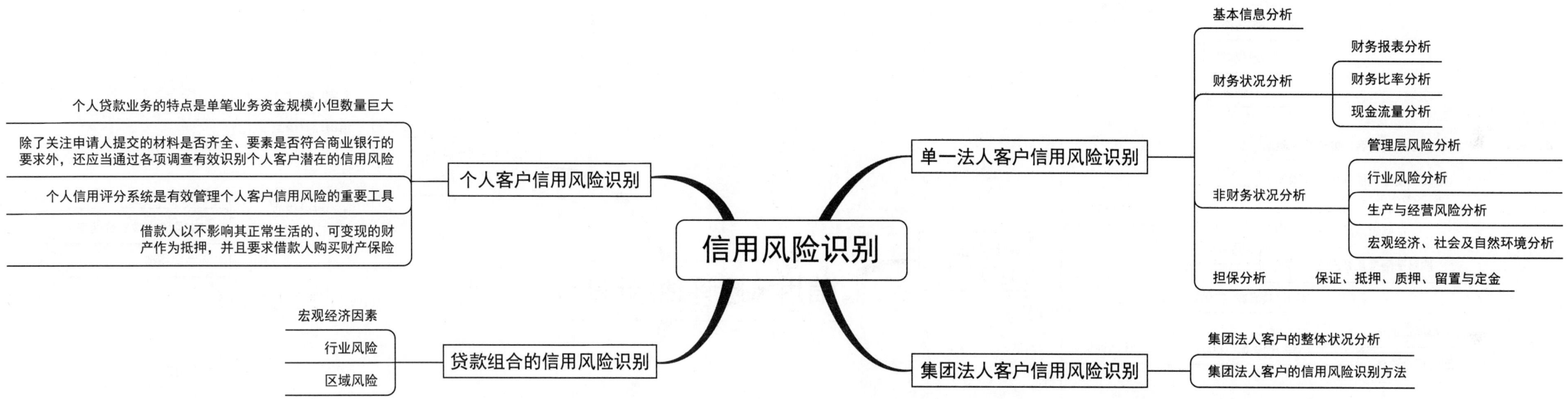

第二节 信用风险评估/计量

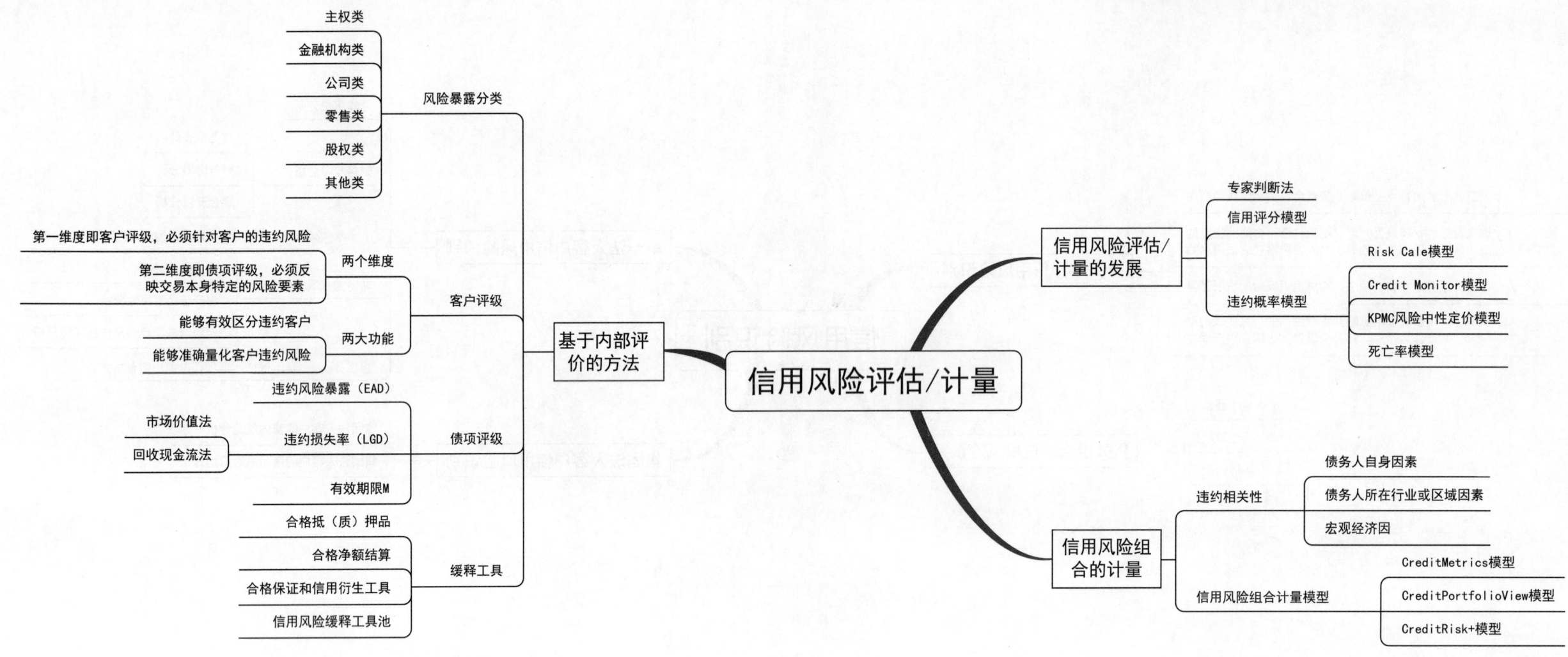

第三节 信用风险监测与报告

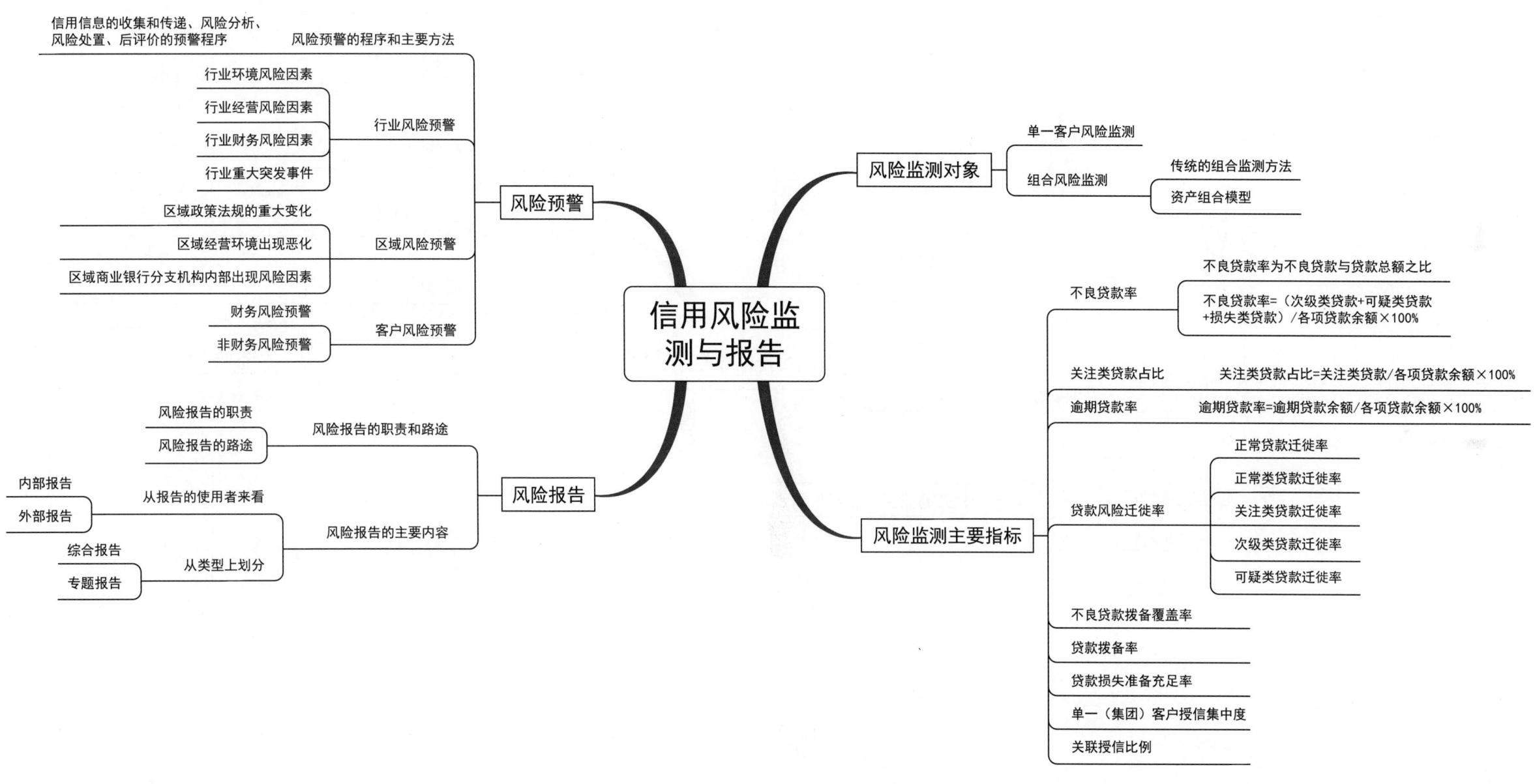

第四节 信用风险控制

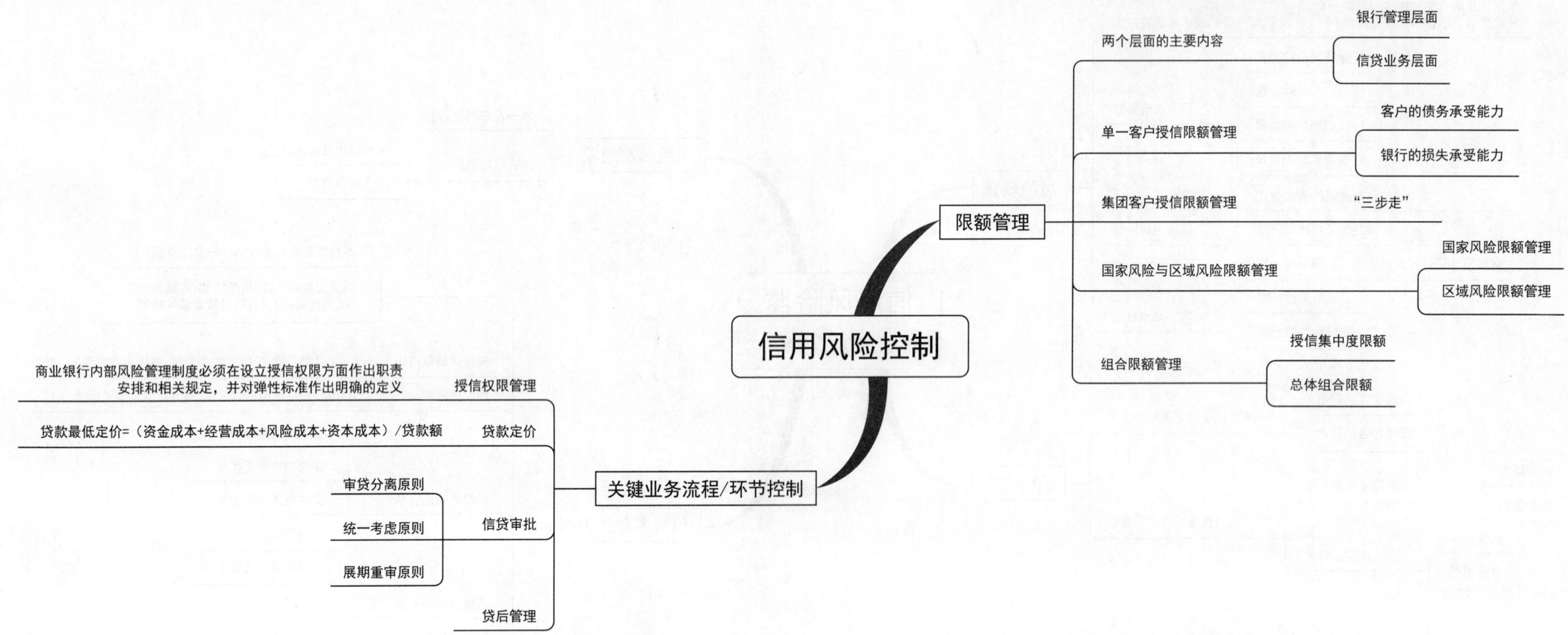

第五节 信用风险抵补

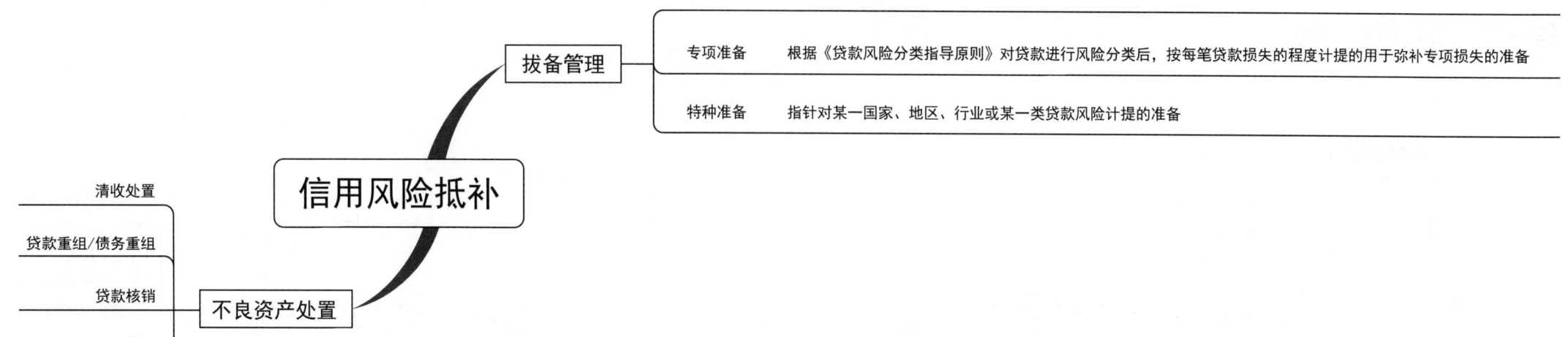

第六节 信用风险资本计量

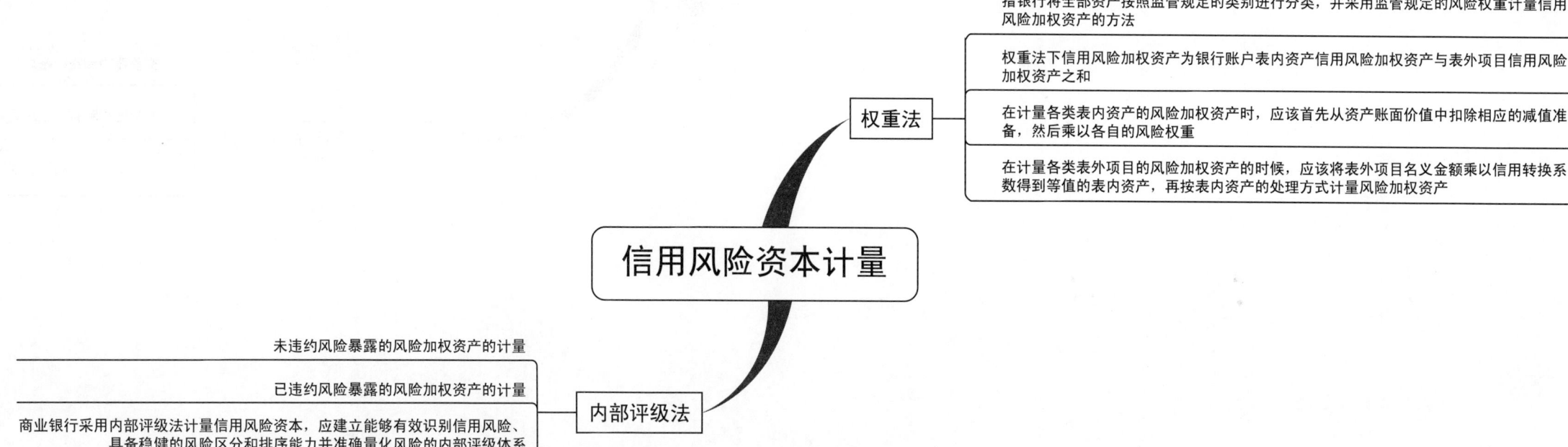

第四章 市场风险管理

第一节 市场风险识别

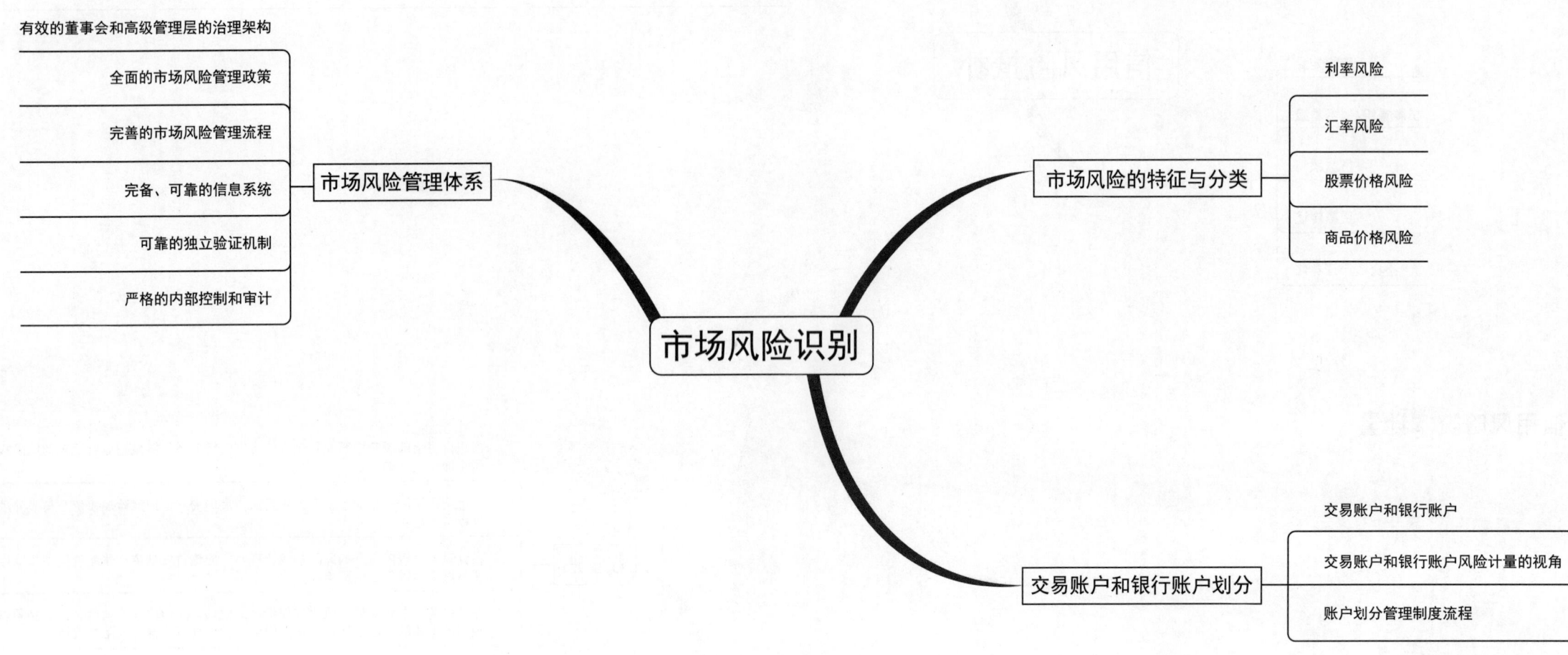

第二节 市场风险计量

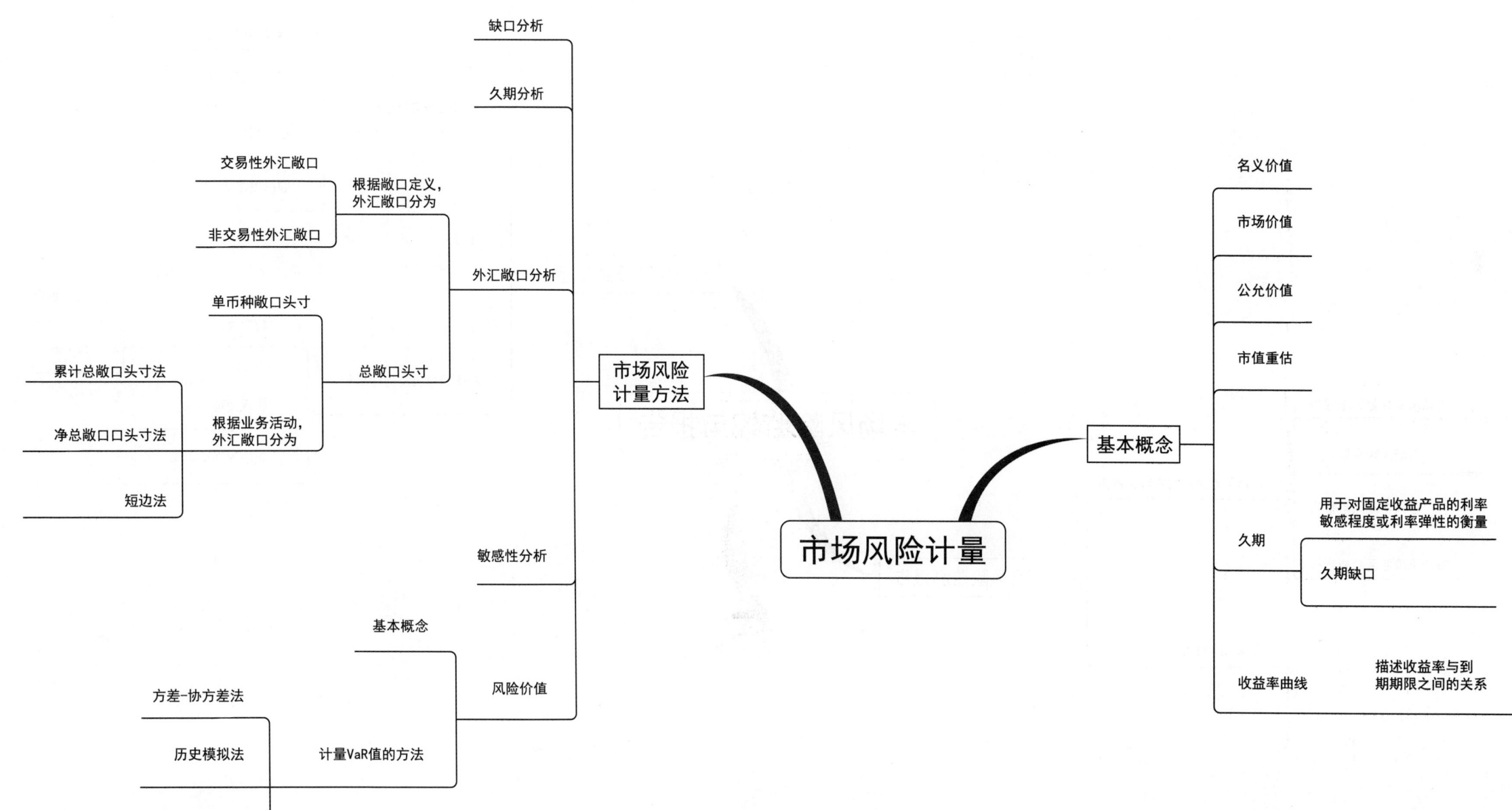

第三节 市场风险监控与报告

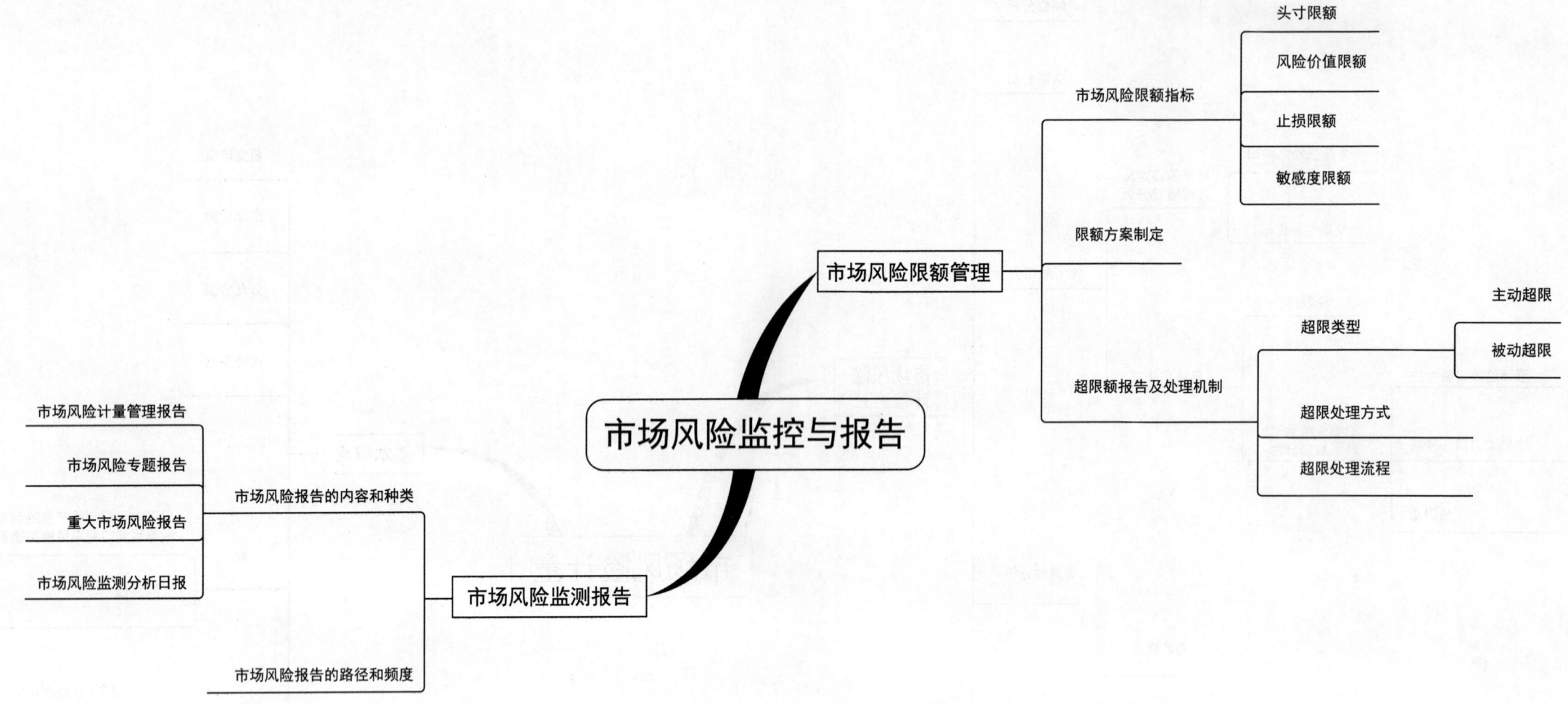

第四节 市场风险资本计量

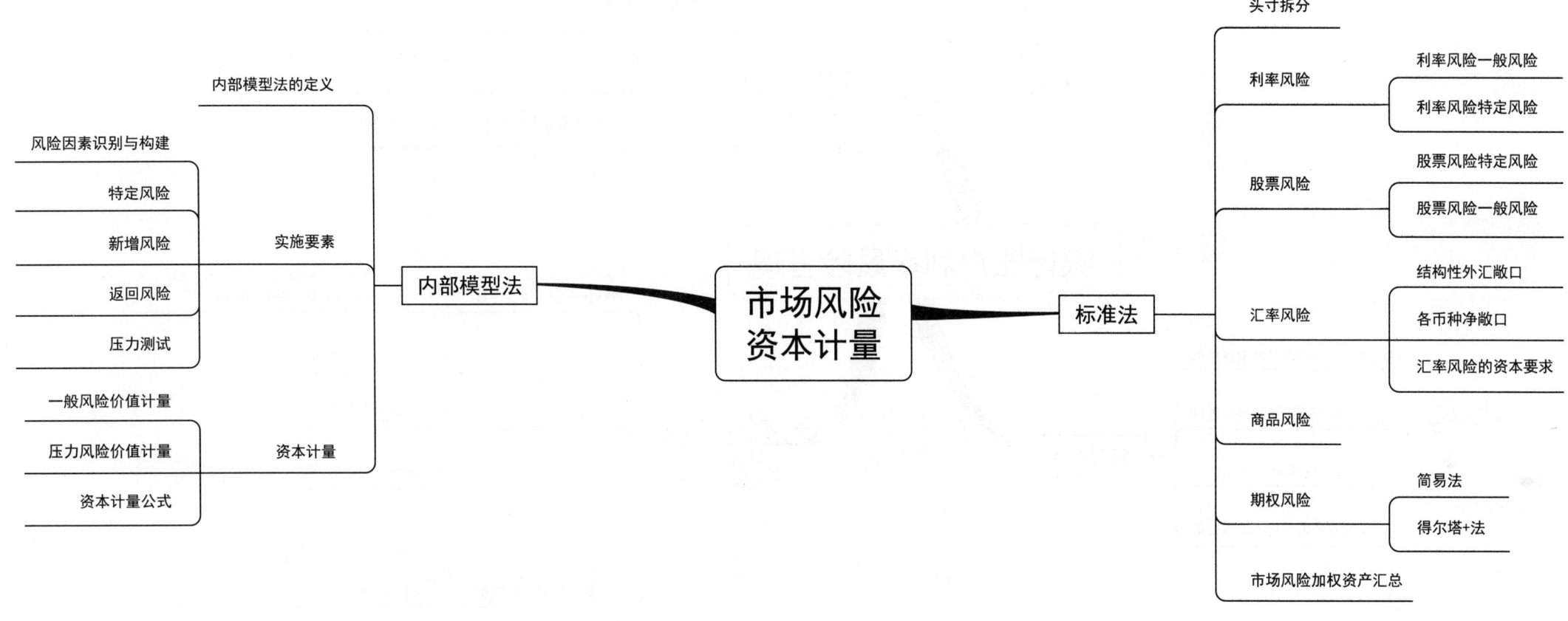

第五节 银行账户利率风险管理

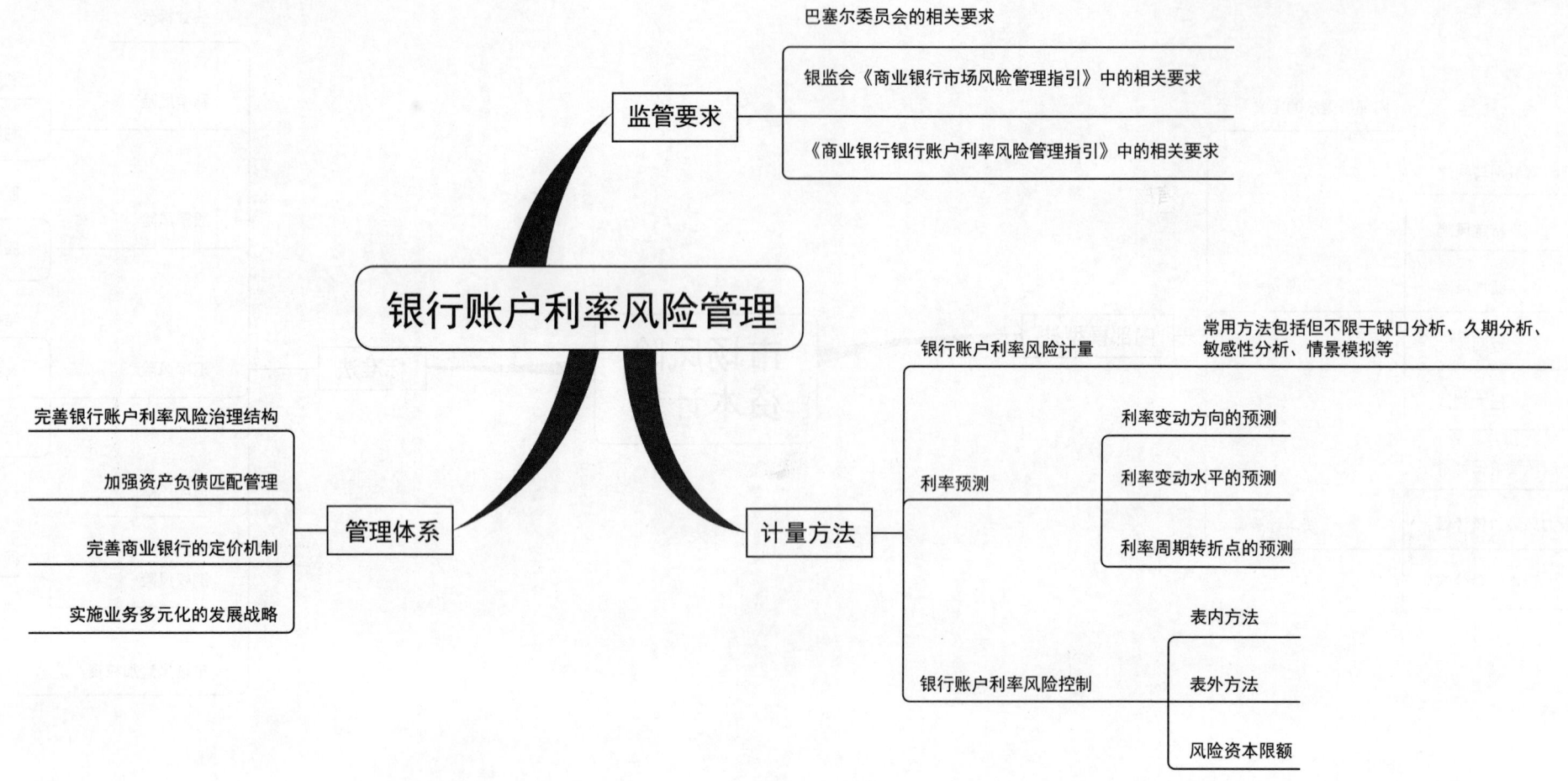

第六节 交易对手信用风险管理

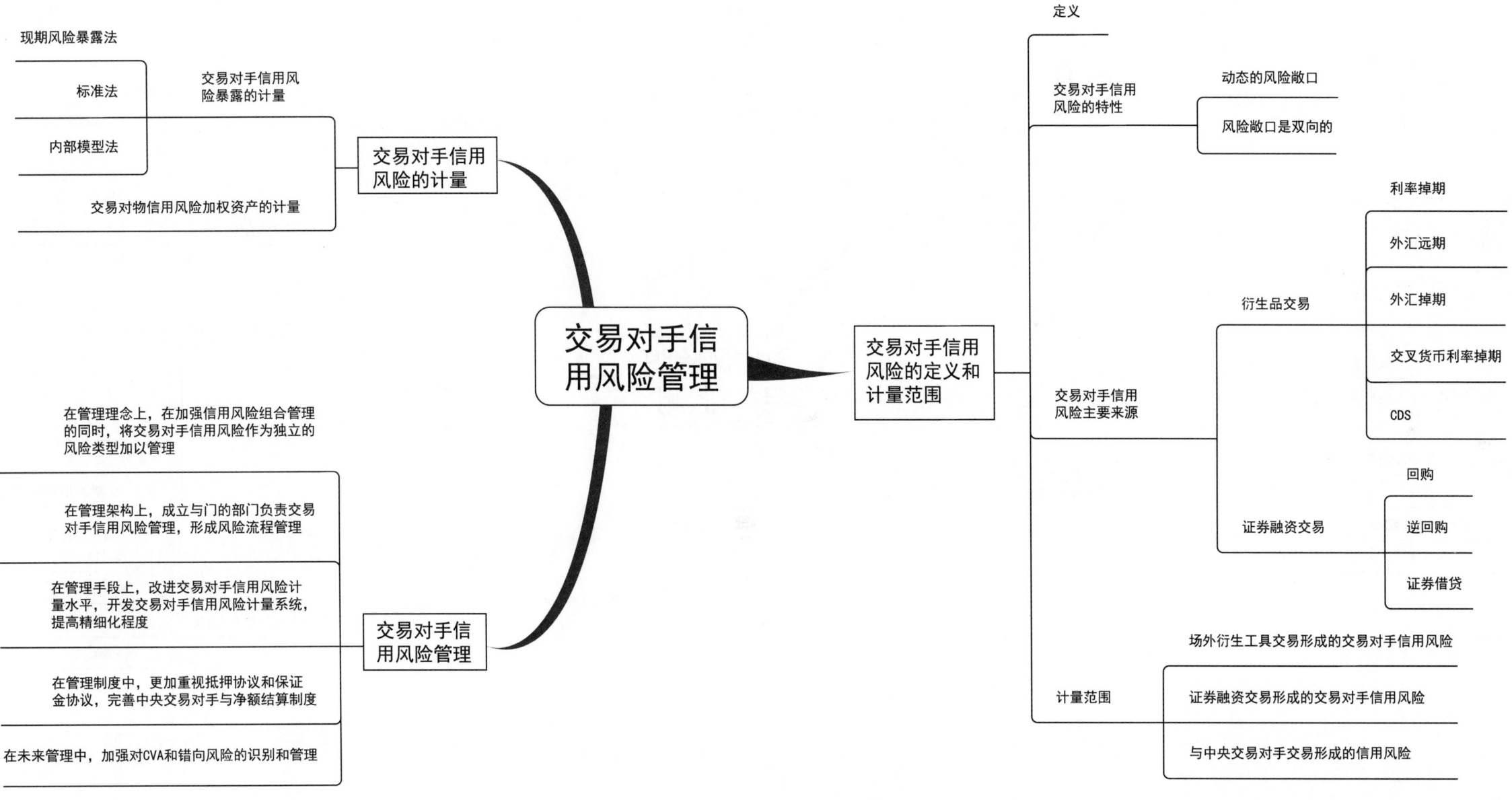

第五章 操作风险管理

第一节 操作风险识别与监测

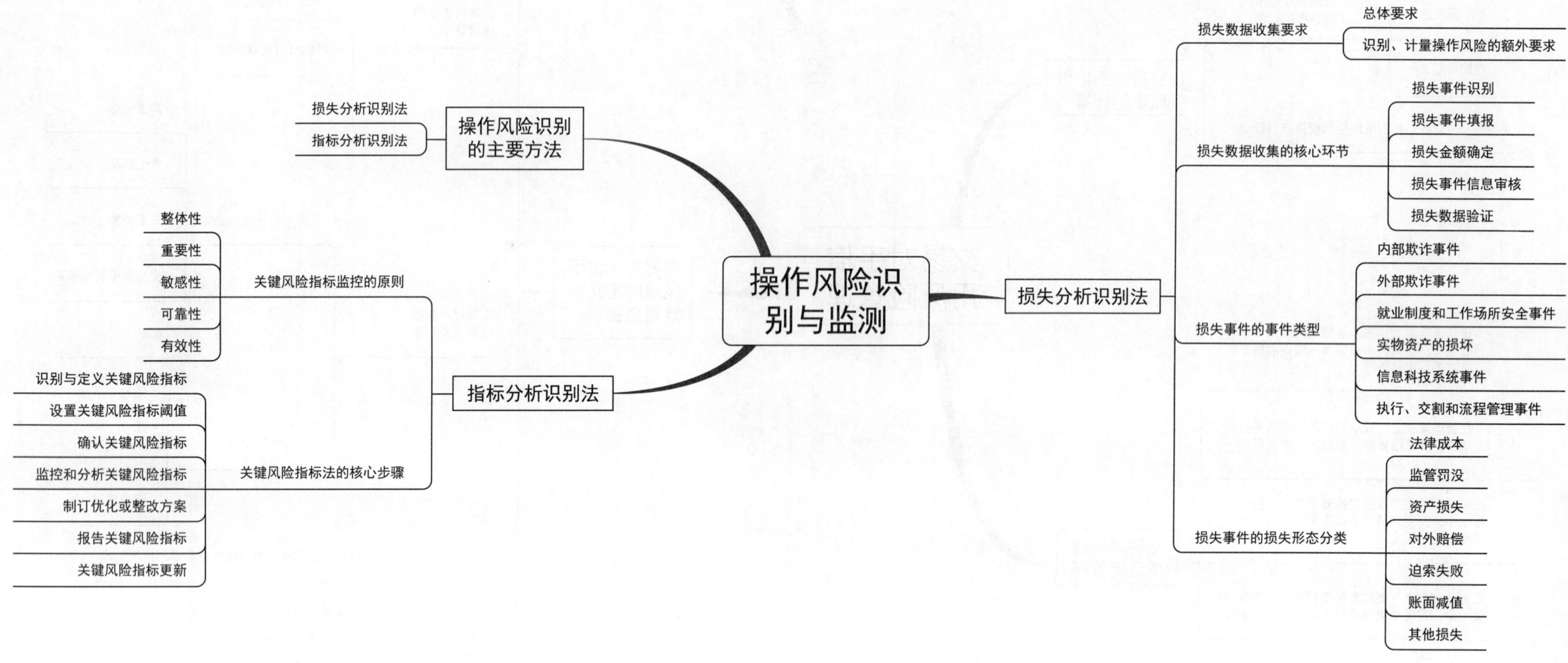

第二节 操作风险评估

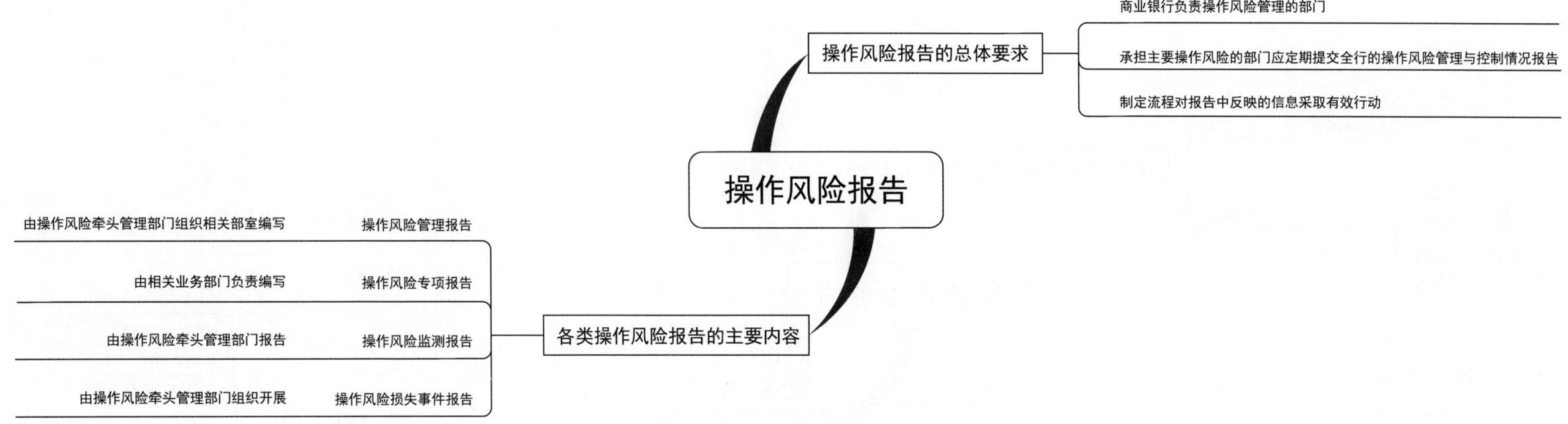

第三节 操作风险报告

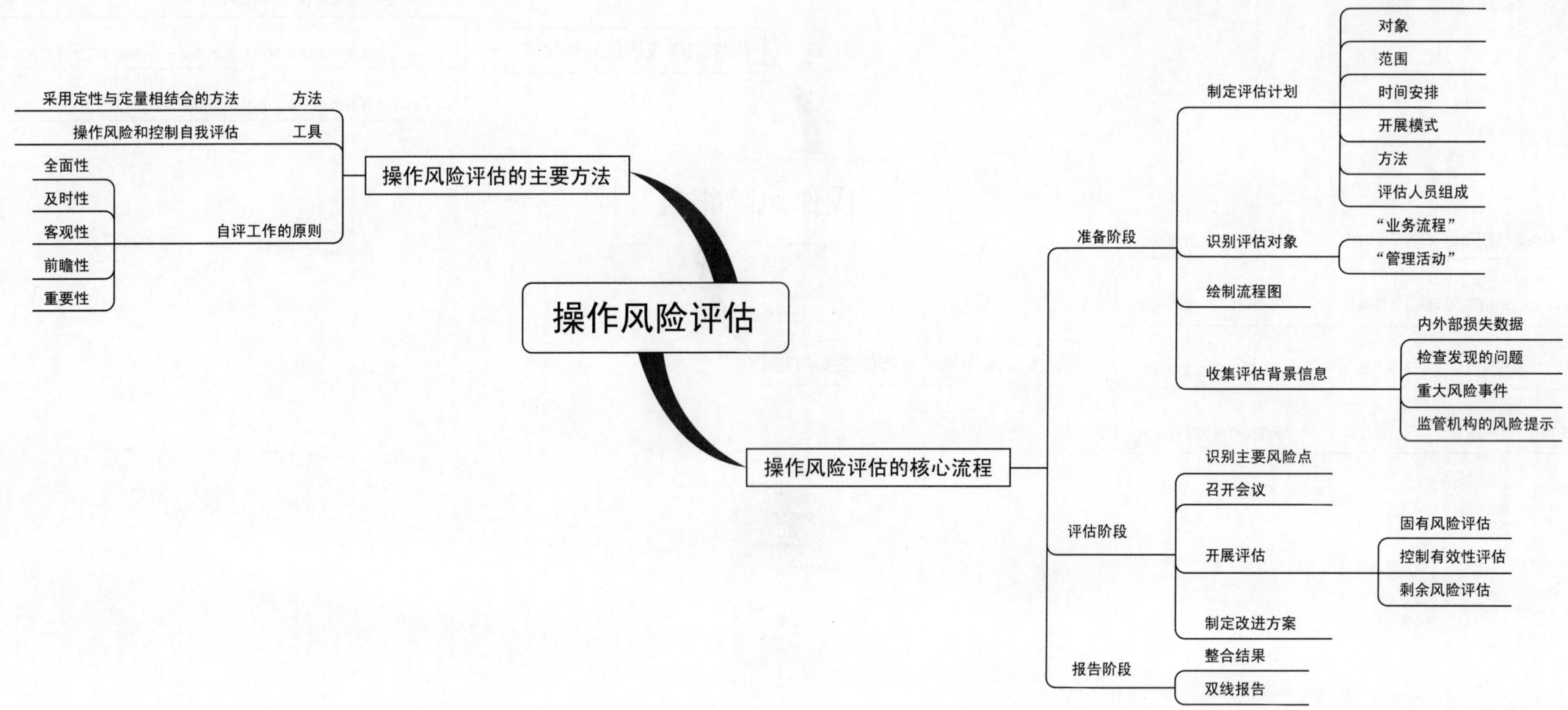

第四节 操作风险控制与缓释

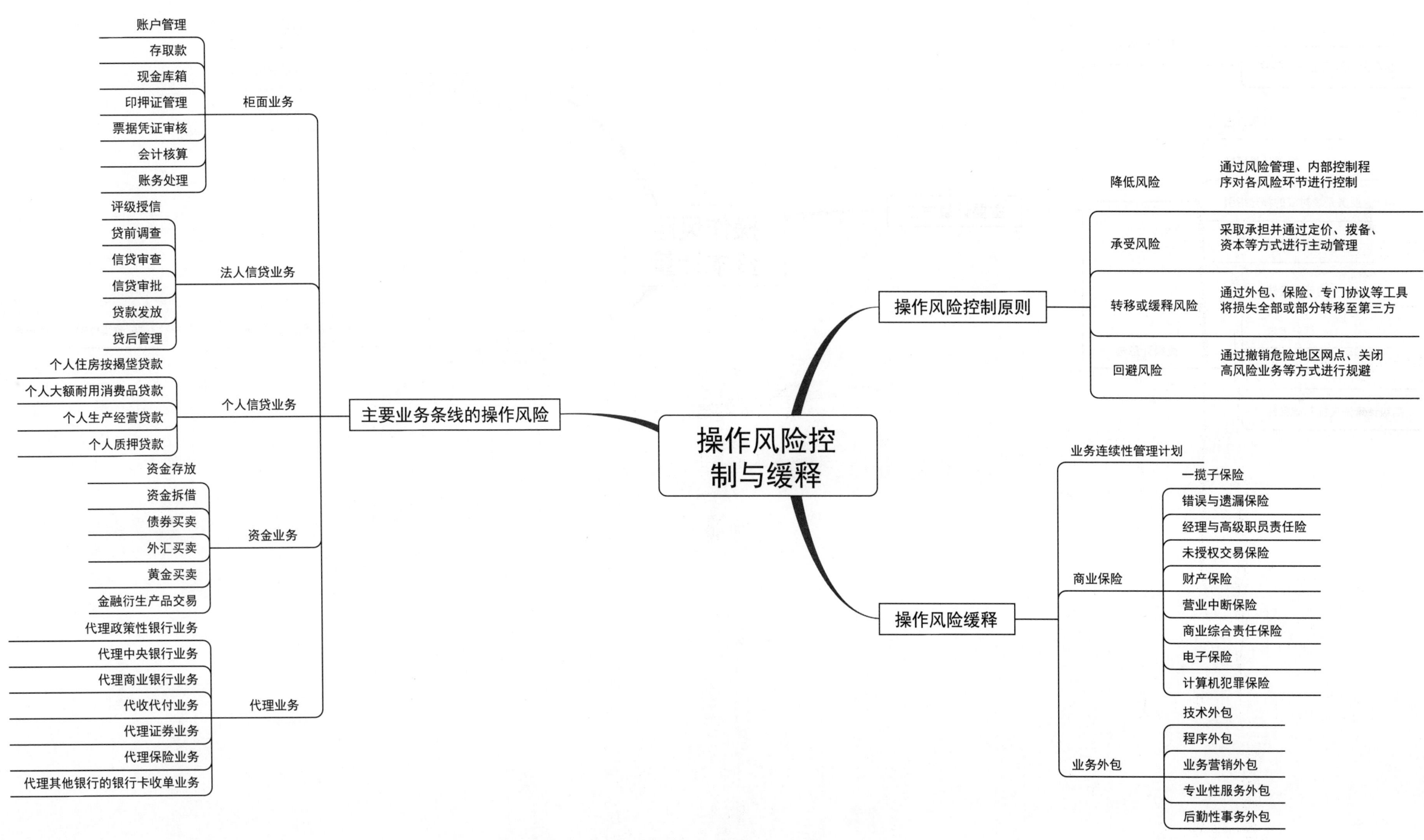

第五节 操作风险资本计量

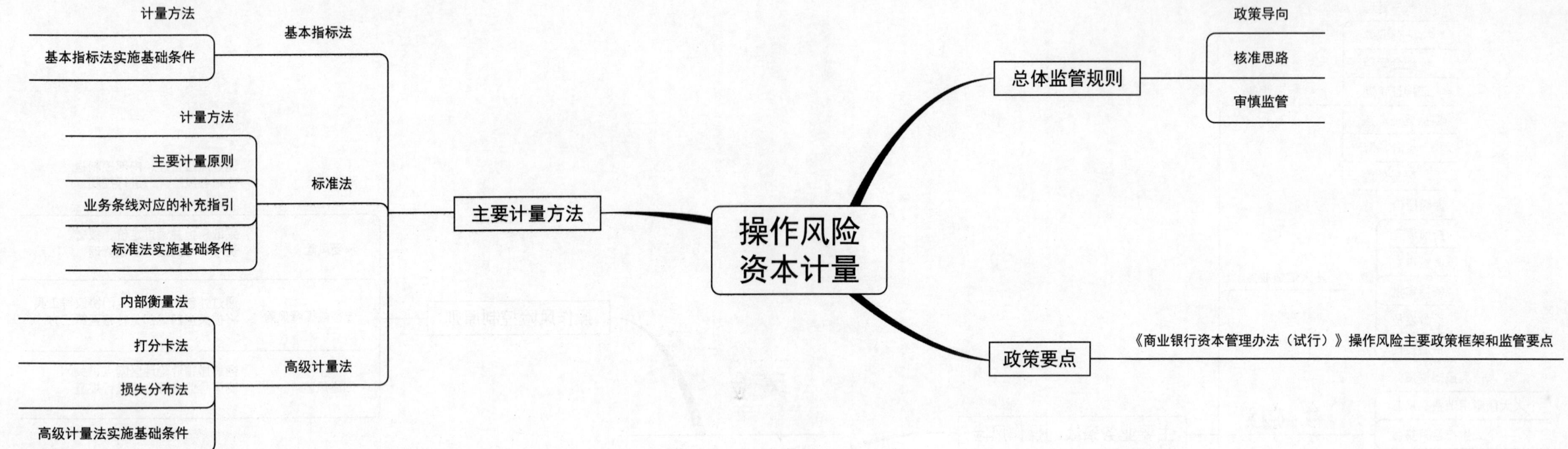

第六节 业务外包风险管理

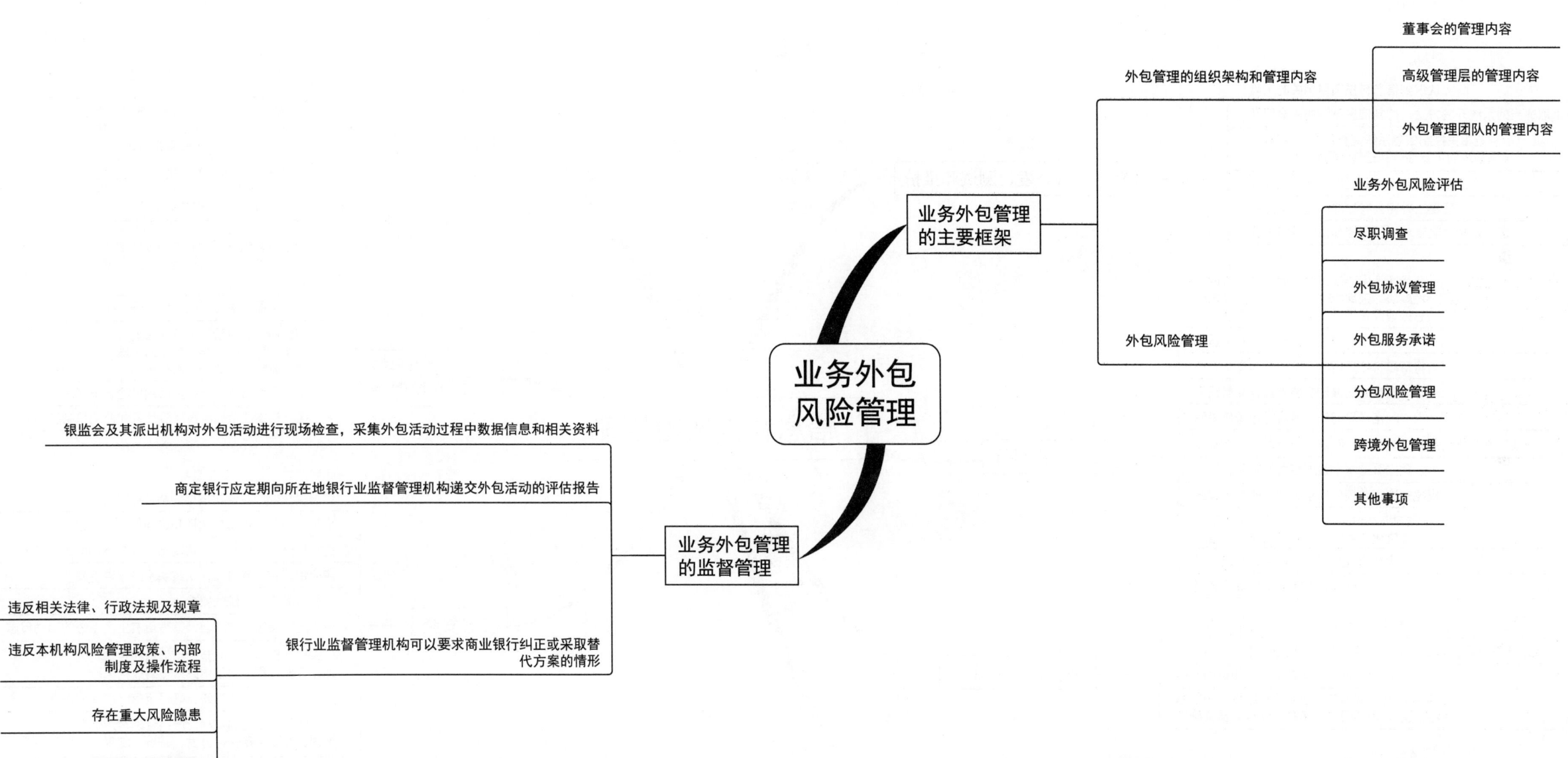

第七节 信息科技风险管理

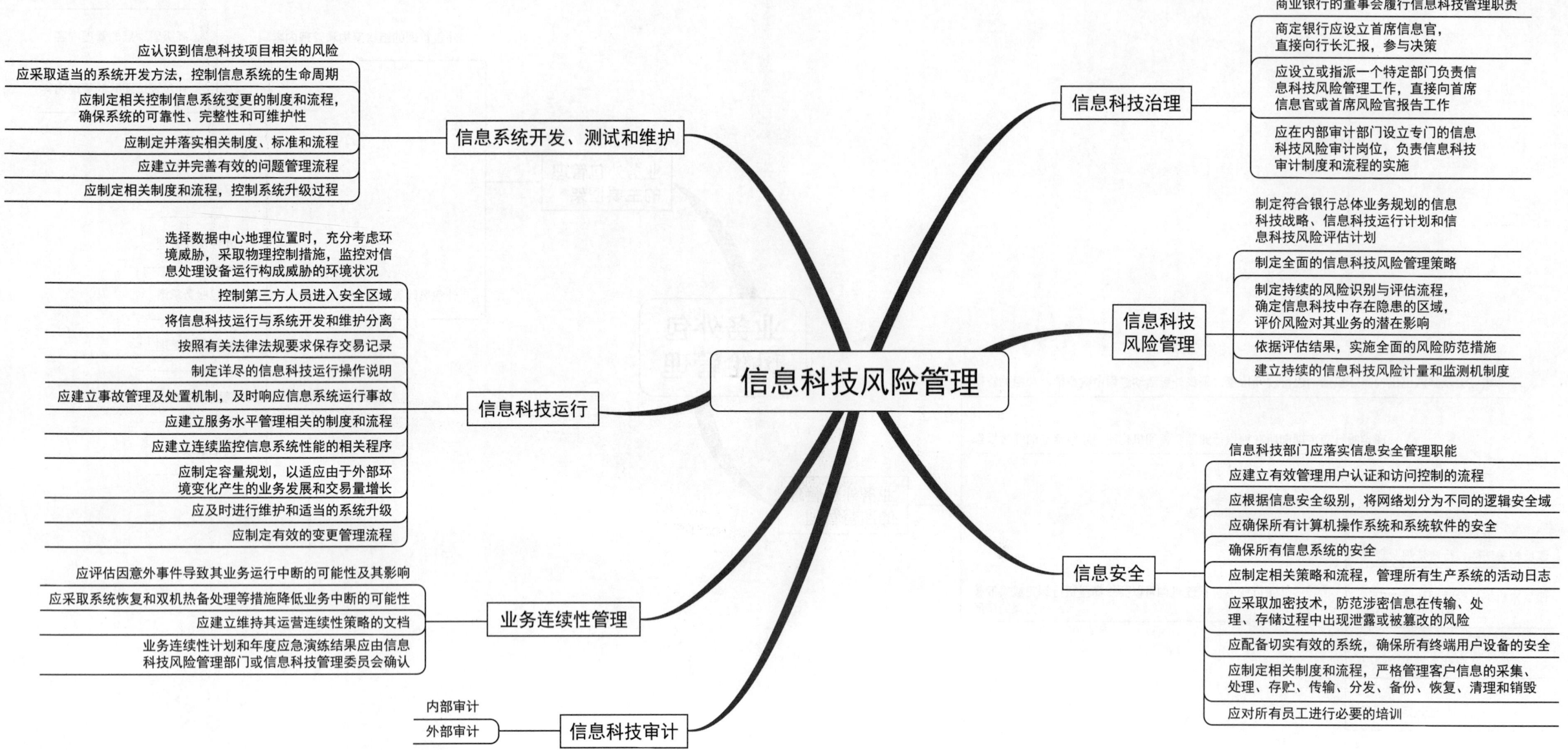

第六章 流动性风险管理

第一节 流动性风险概述

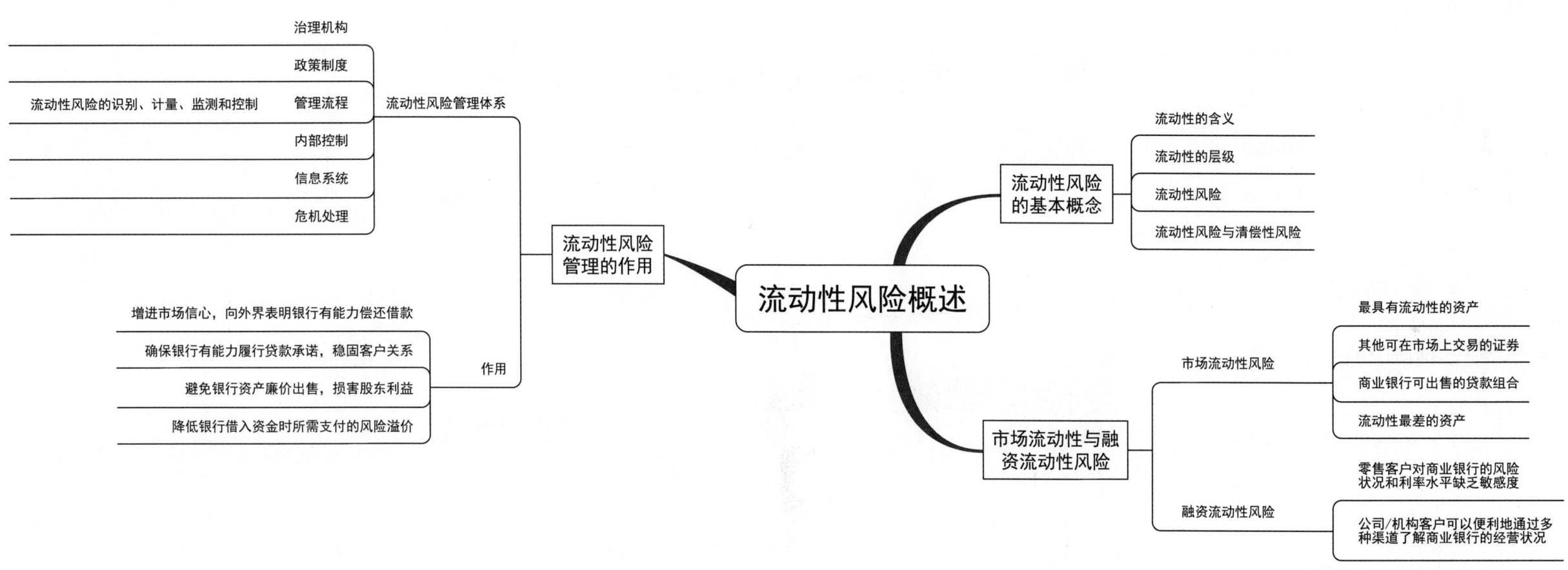

第二节 流动性风险的识别与分析

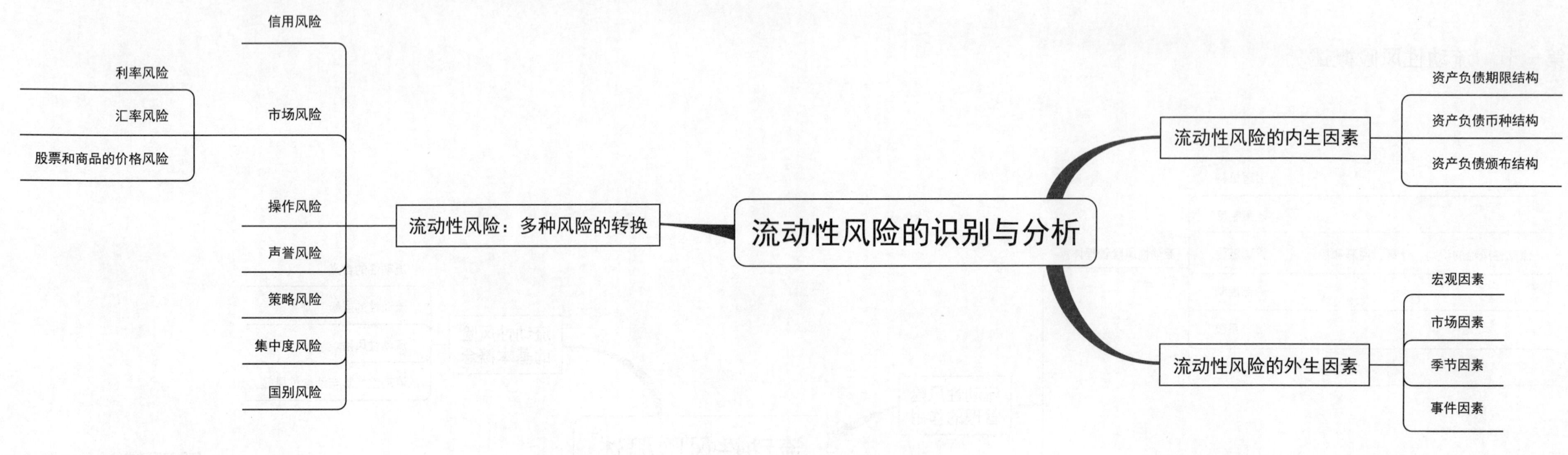

第三节 流动性风险的计量与评估

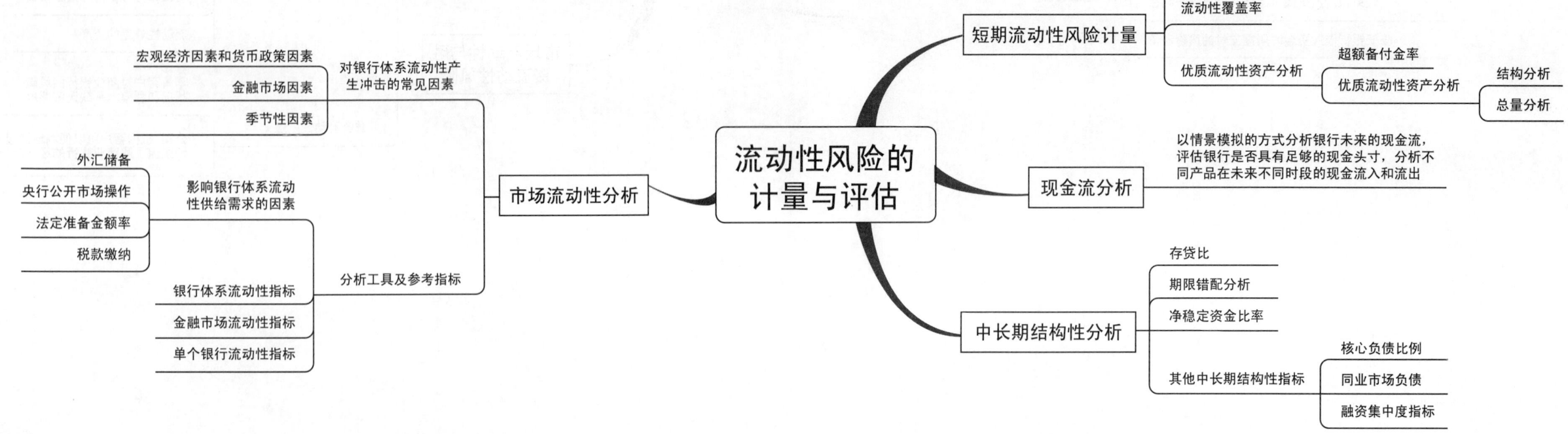

第四节 流动性风险的监测与控制

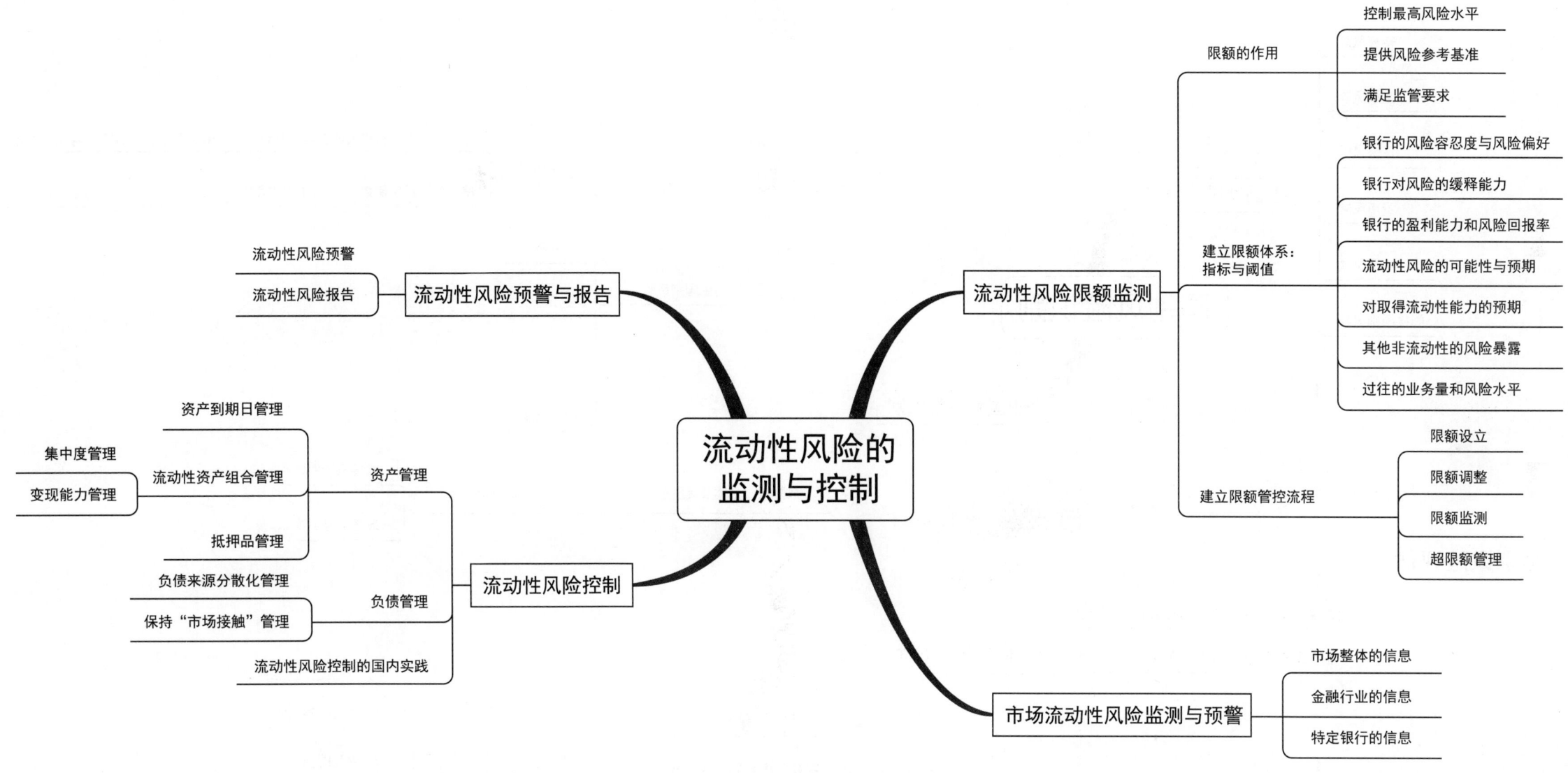

第七章 国别风险管理

第一节 国别风险识别

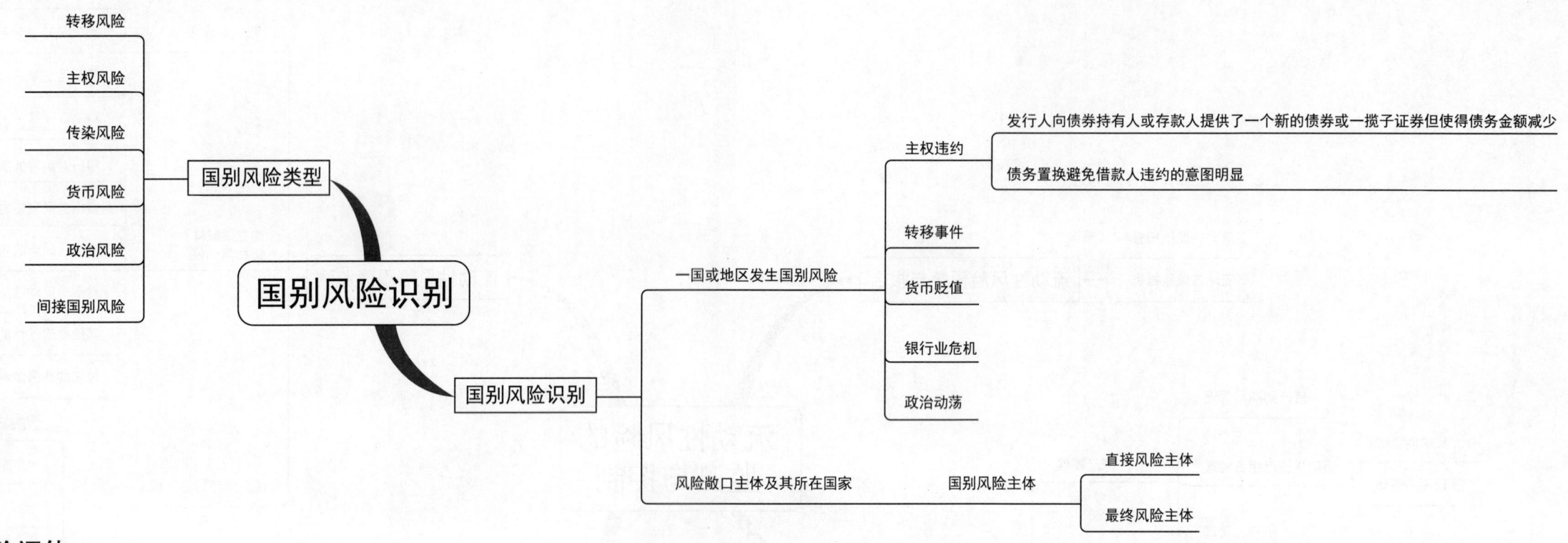

第二节 国别风险评估

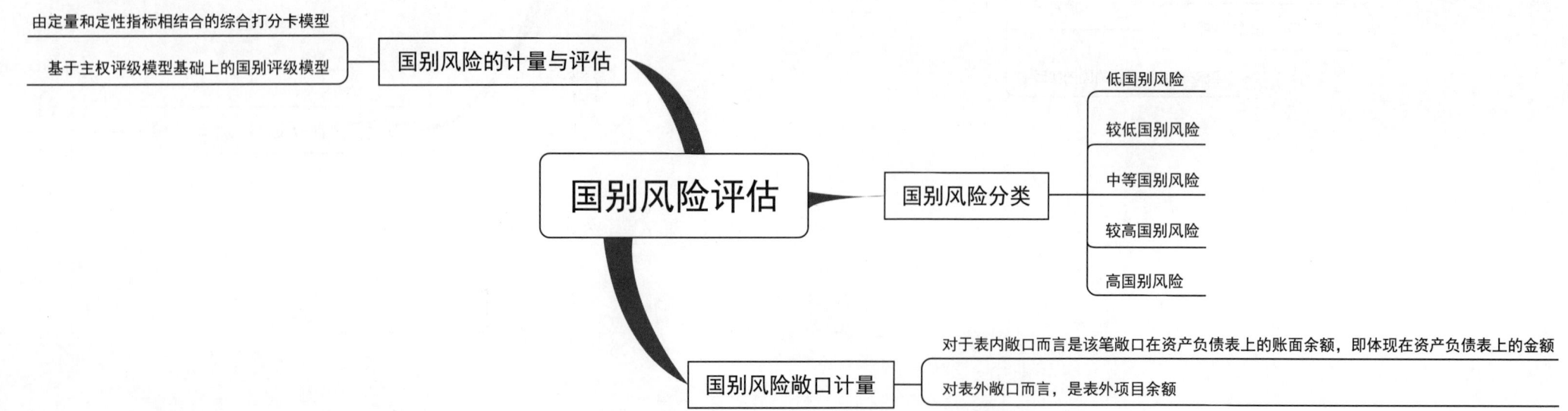

第三节 国别风险监测与报告

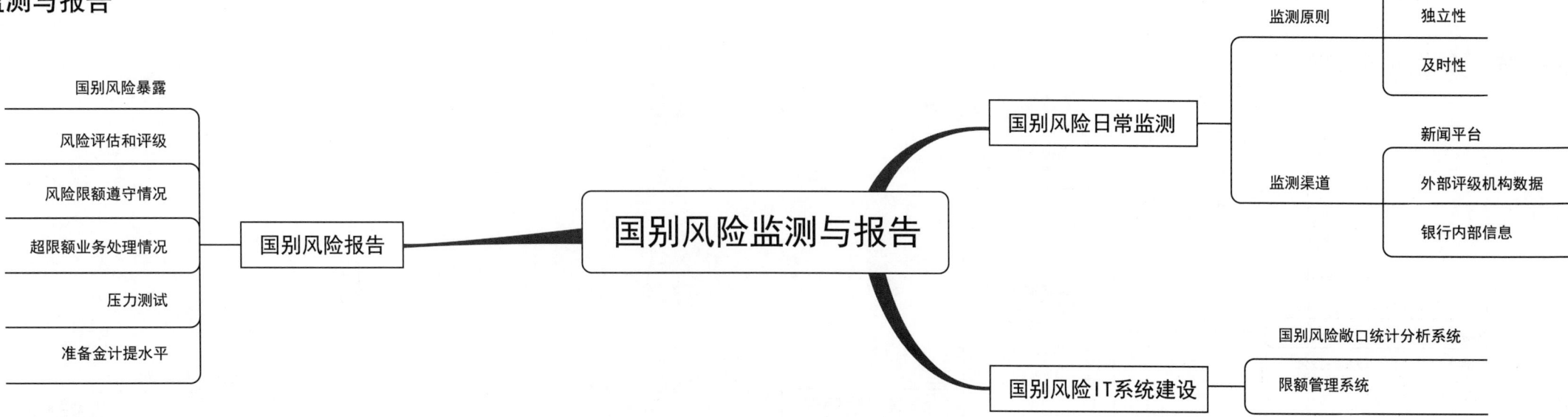

第四节 国别风险控制与缓释

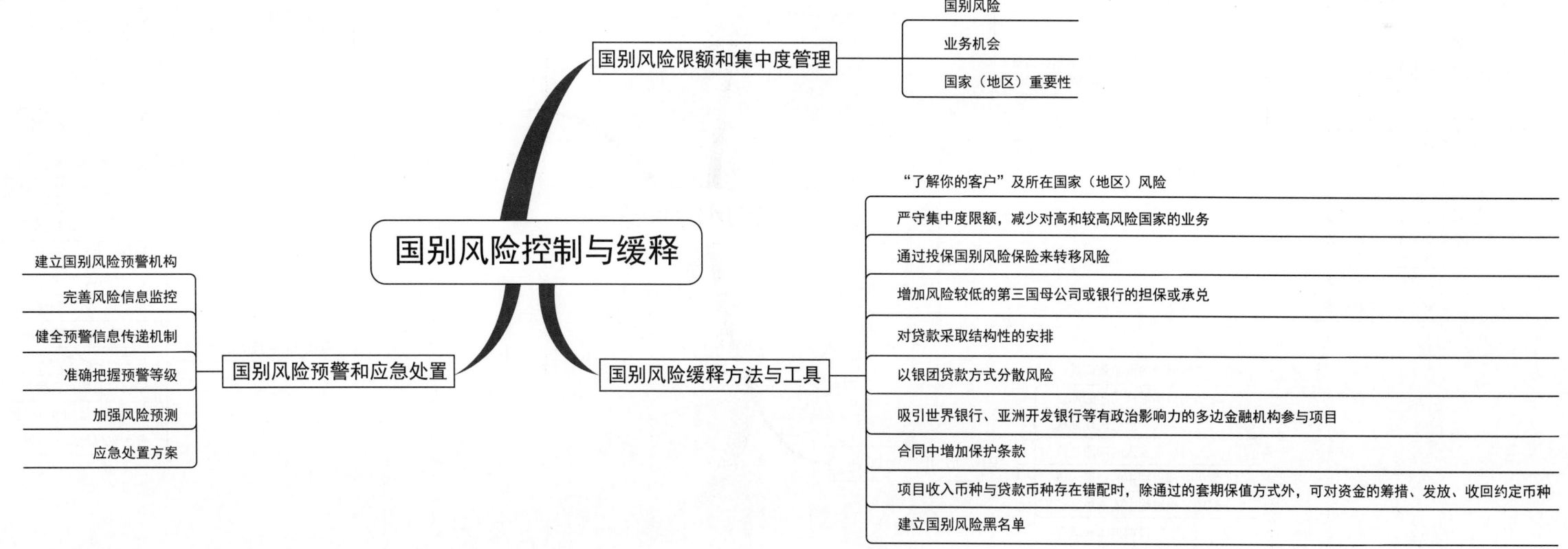

第八章 声誉风险与战略风险管理

第一节 声誉风险管理

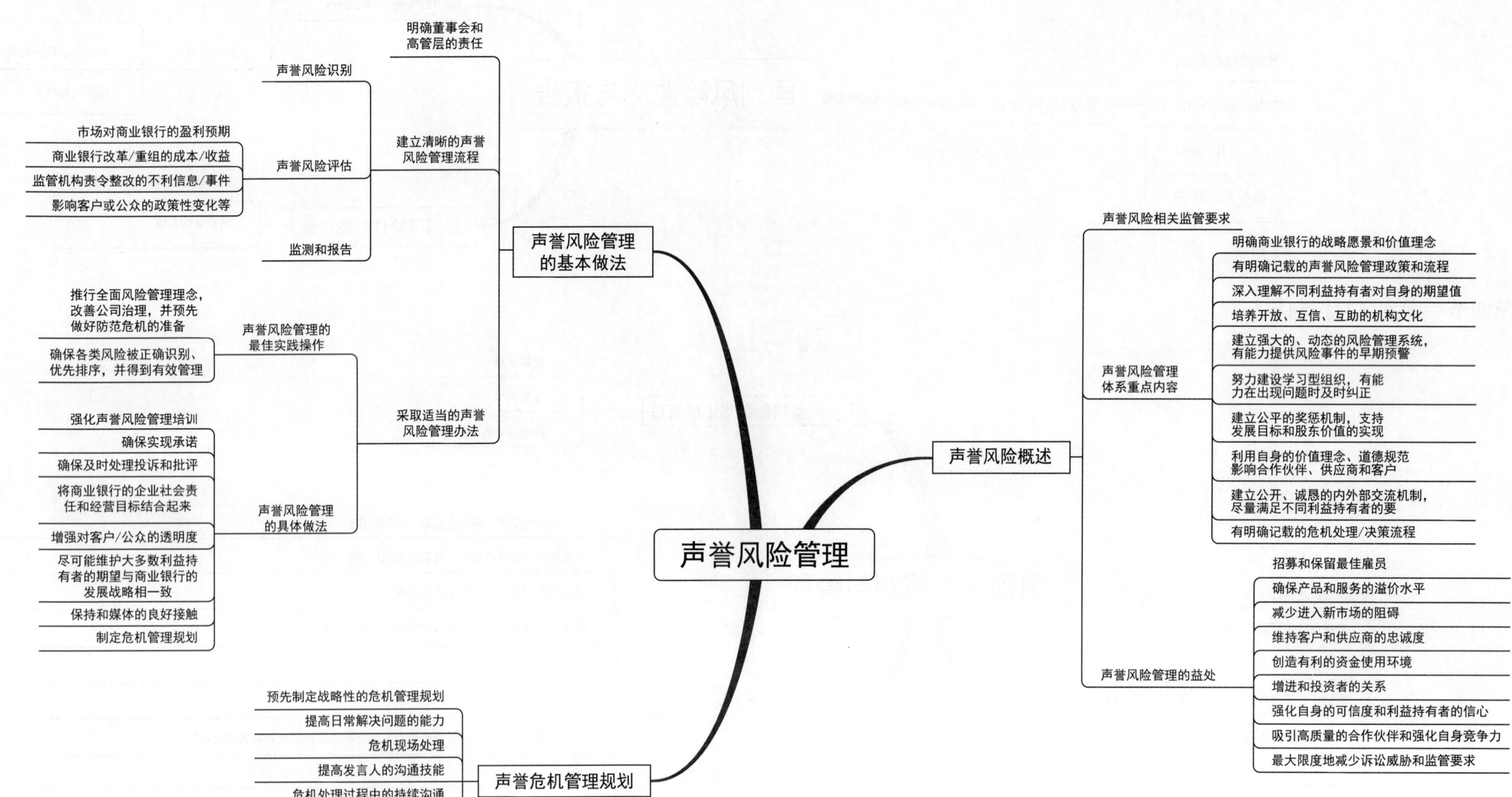

第二节 战略风险管理

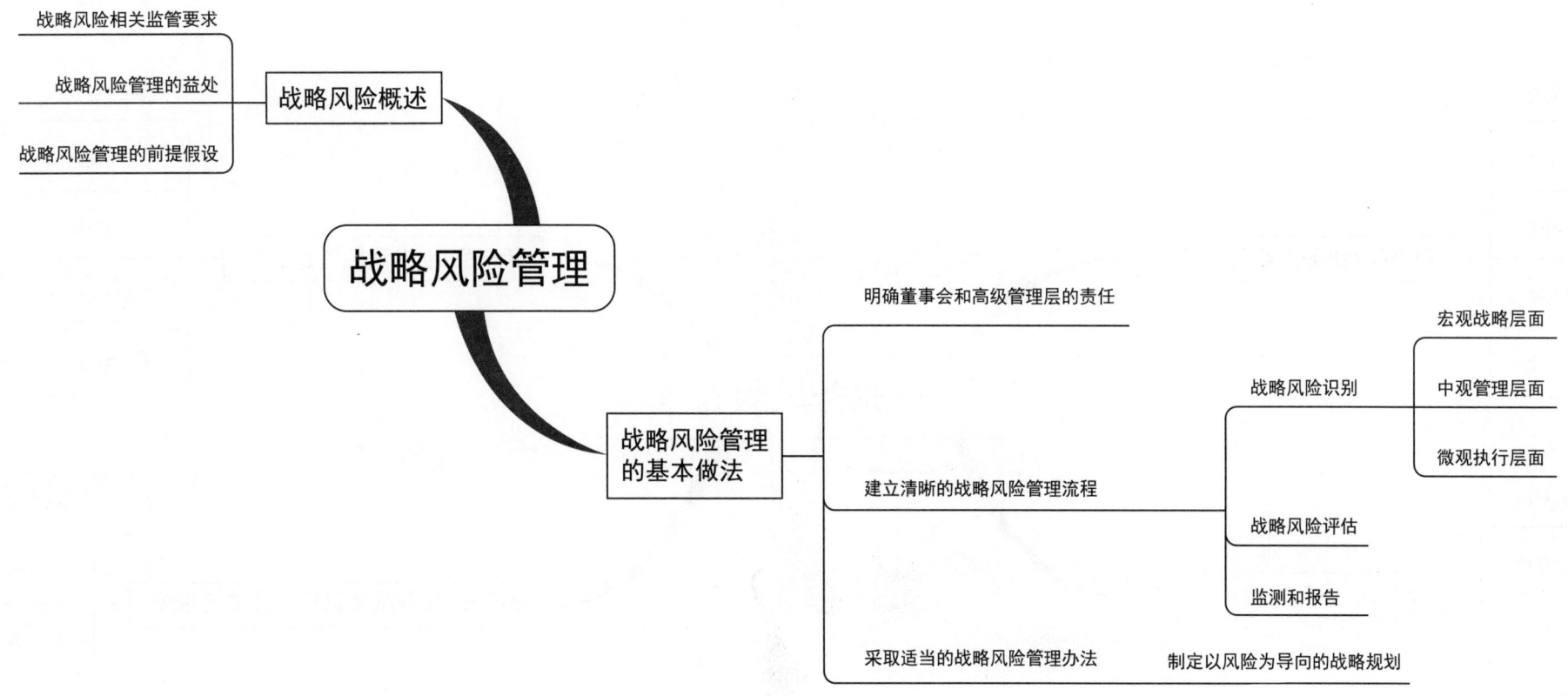

第九章 其他风险管理

第一节 新产品/业务风险管理

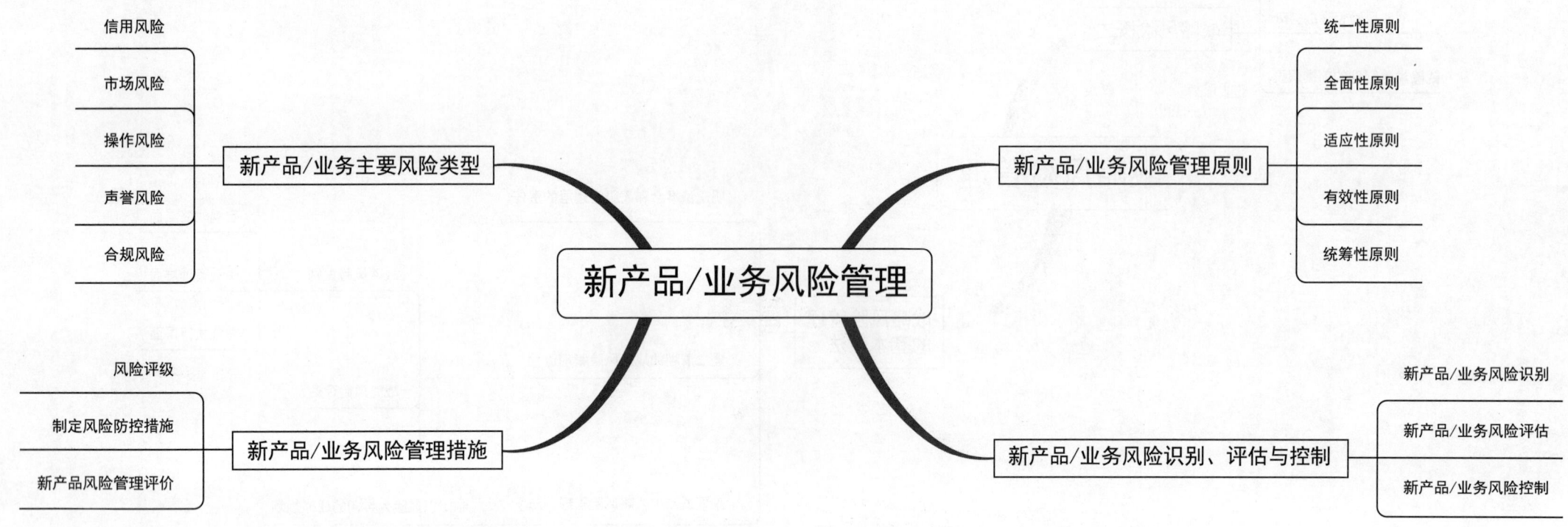

第二节 反洗钱管理

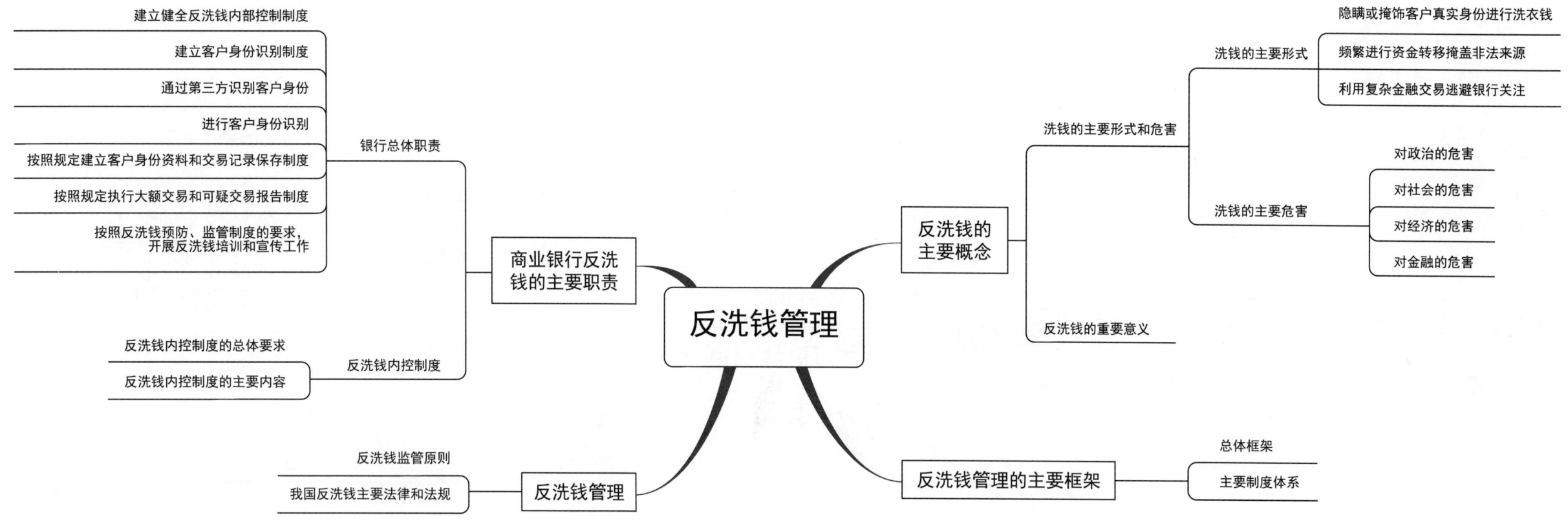

第十章 压力测试

第一节 压力测试的定义

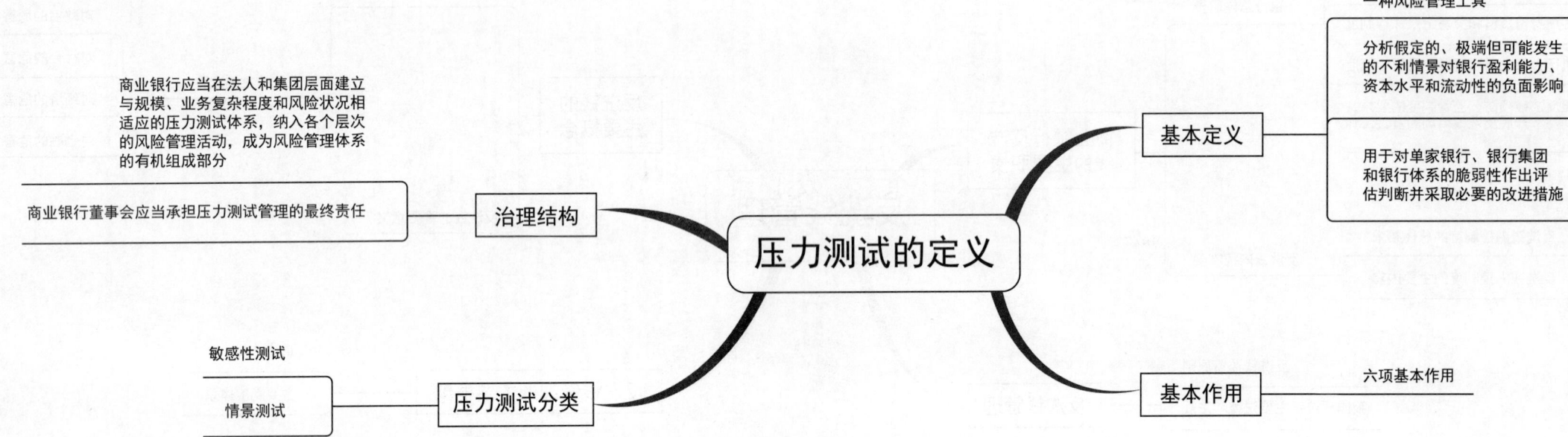

第二节 压力情景/参数的设定

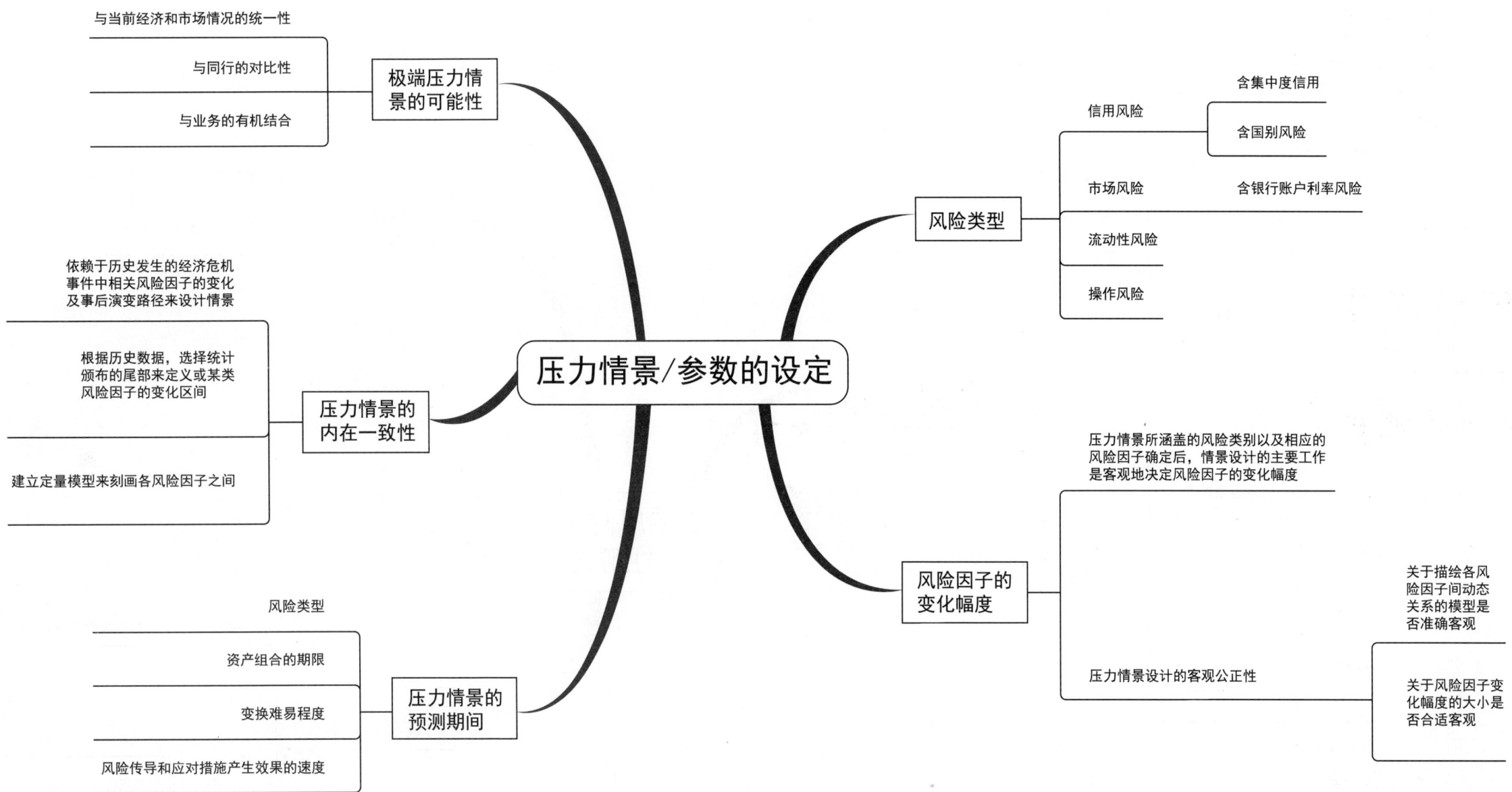

第三节 主要风险的压力测试

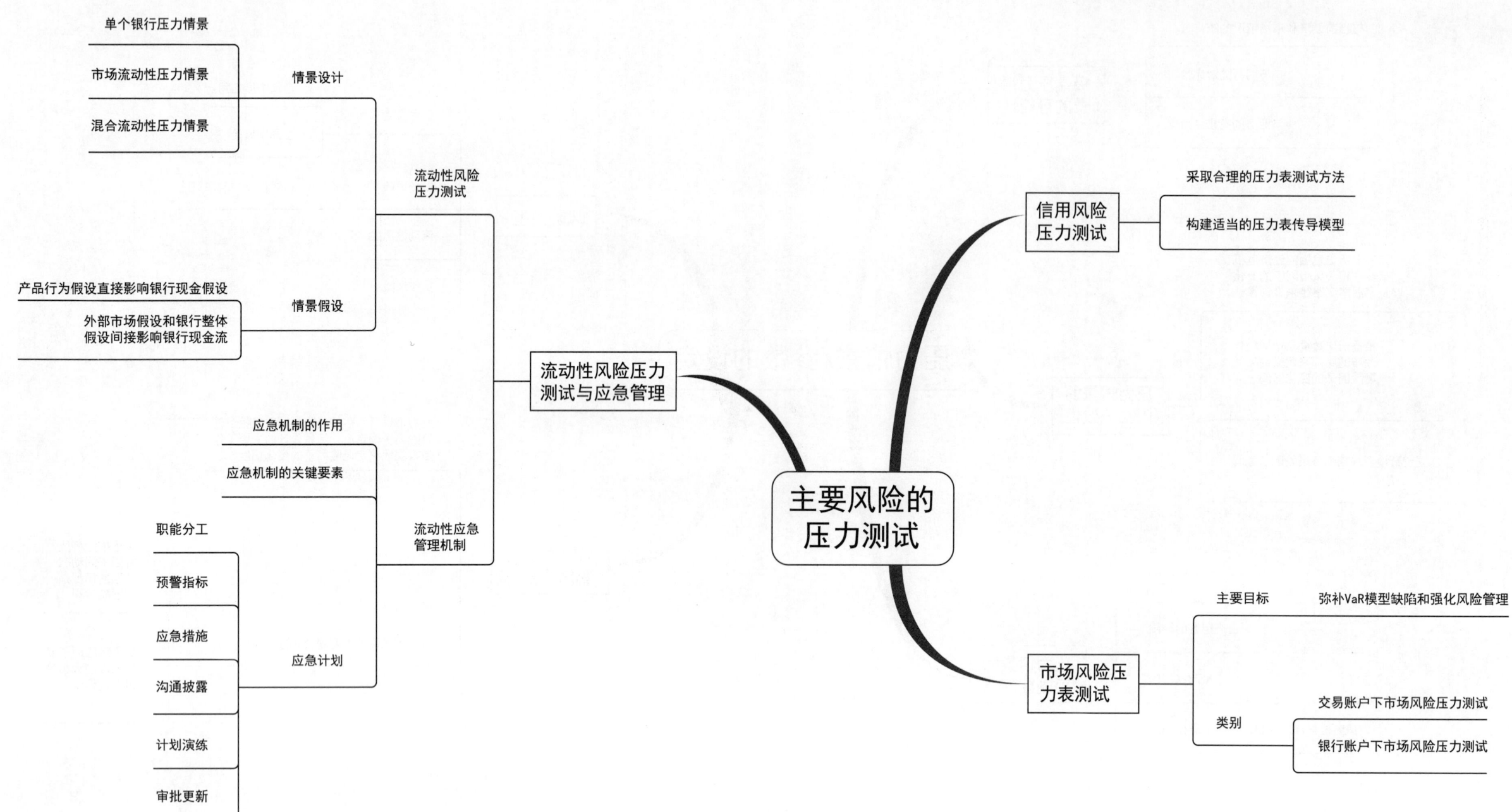

第四节 压力测试结果的应用

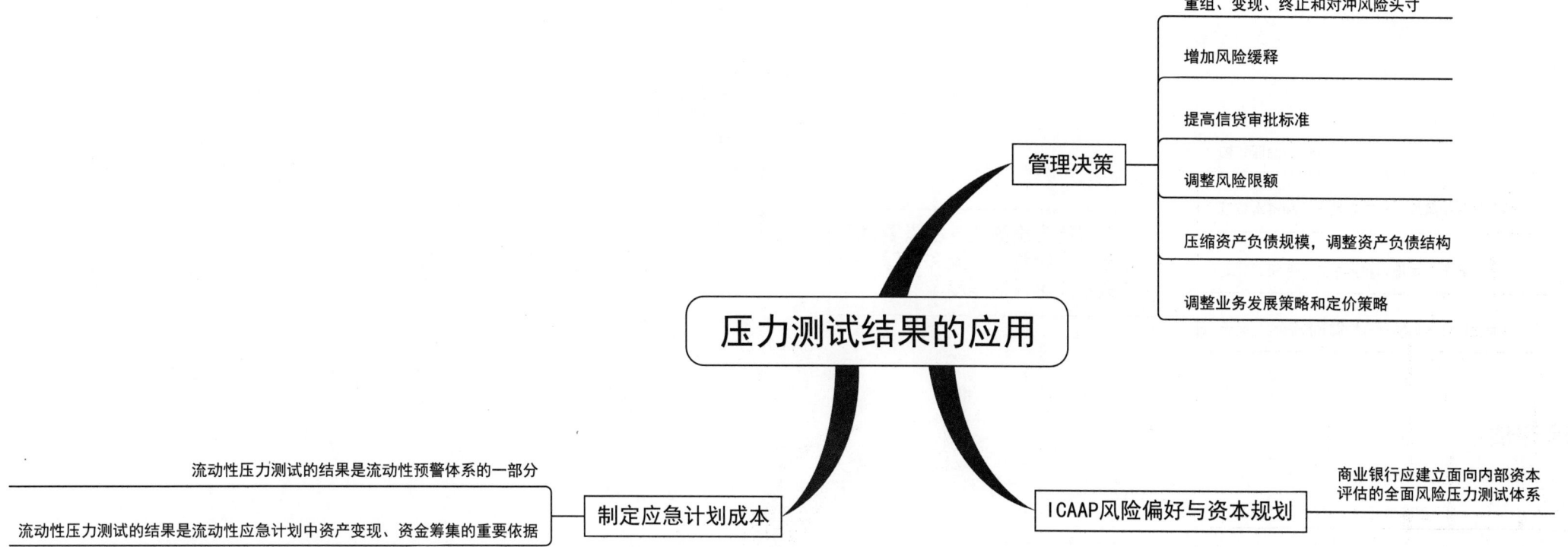

第十一章 风险评估与资本评估

第一节 总体要求

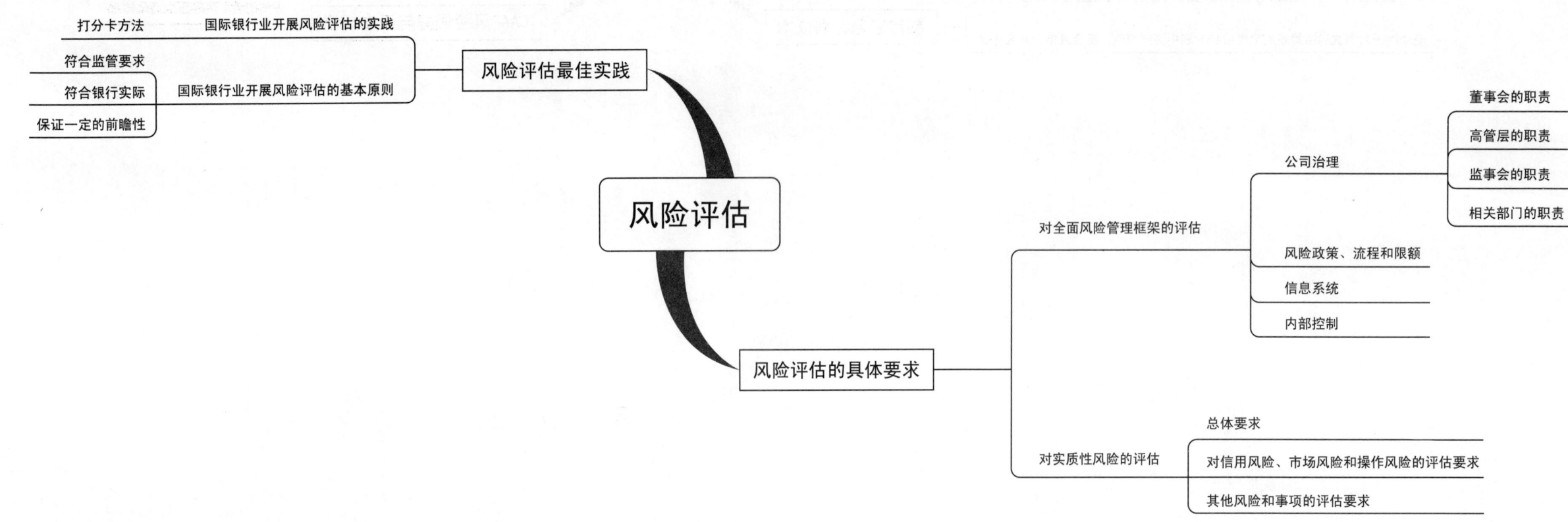

第三节 资本规划

资本规划

- **资本规划的主要内容及频率**
  - 资本规划的主要内容 —— 预测未来的资本充足率
  - 资本规划的频率 —— 每年重新开展一次对未来三年或五年的规划

- **资本规划的监管要求**
  - 综合考虑风险评估结果、未来资本需求、资本监管要求和资本可获得性
  - 确保目标资本水平与业务发展战略、风险偏好、风险管理水平和外部经营环境相适应
  - 审慎估计资产质量、利润增长及资本市场的波动性，考虑对银行资本水平可能产生重大负面影响的因素
  - 优先考虑补充核心一级资本，增强内部资本积累能力，完善资本结构
  - 通过严格和前瞻性的压力测试，测算不同压力条件下的资本需求和资本可获得性，并制定资本应急预案以满足计划外的资本需求
  - 对于重度压力测试结果，商业银行应当在应急预案中明确相应的资本补充政策安排和应对措施，并充分考虑融资市场流动性变化
  - 商业银行高级管理层应当充分理解压力条件下商业银行所面临的风险及风险间的相互作用、资本工具吸收损失和支持业务持续运营的能力

第四节 内部资本充足评估报告

内部资本充足评估报告

- **内部资本充足评估报告的主要内容和作用**
  - 主要内容
    - 内部资本充足评估报告是整个内部资本充足评估的总结性报告，内容涵盖内部资本充足评估的主要内容，即风险评估、资本规划和压力测试
  - 作用
    - 作为银行的自我评估过程和结论的书面报告，可以作为内部完善风险管理体系和控制机制，实现资本管理与风险管理密切结合的重要参考文件
    - 作为银行提交给监管机构的合规文件，当监管机构在评估后认为银行的ICAAP程序符合监管要求时，监管机构可以基于银行自行评估的内部资本水平来确定监管资本要求

- **关于内部资本充足评估报告的监管要求**
  - 评估主要风险状况及发展趋势、战略目标和外部环境对资本水平的影响
  - 评估实际持有的资本是否足以抵御主要风险
  - 提出确保资本能够充分覆盖主要风险的建议

第五节 恢复与处置计划

```
                                                    ┌─ 恢复计划是系统重要性金融机构
                                                    │  根据银行经营特点、风险及管理
                                                    │  状况，在集团层面制定的当金融
                                                    │  机构陷入困境时能够使集团整体
                                                    │  恢复到正常经营状态的行动方案
                        ┌─ 恢复与处置计划 ──┐
                        │  的定义及作用      │
                        │                    └─ 处置计划是系统重要性金融机构
                        │                       根据银行的法人治理结构、运营
                        │                       管理模式等基本情况，在集团层
恢复与处置计划 ─────────┤                       面制定的当金融机构濒临破产而
                        │                       尚未进入法定破产程序之前，对
                        │                       银行整体或局部进行有序处置的
                        │                       行动方案
                        │
                        └─ 恢复与处置计划的监
                           管要求及主要内容
```

恢复与处置计划的监管要求及主要内容

恢复计划的内容：
- 金融机构在面临个体性及市场性压力情景时可采取的具体应对措施
- 情景应当能够涵盖资本短缺及流动性压力情景
- 在压力情境下及时实施恢复措施的流程安排

处置计划的内容：
- 对关键经济功能、核心业务条线、关键共享服务以及重要实体的分析
- 保留关键经济功能的处置措施，或对金融机构进行有序关停的处置措施
- 金融机构的运营、实体以及系统性重要功能的相关数据
- 实施有效处置措施的障碍及解决
- 退出处置流程的路径选择

恢复与处置计划的定义及作用

恢复计划是系统重要性金融机构根据银行经营特点、风险及管理状况，在集团层面制定的当金融机构陷入困境时能够使集团整体恢复到正常经营状态的行动方案

处置计划是系统重要性金融机构根据银行的法人治理结构、运营管理模式等基本情况，在集团层面制定的当金融机构濒临破产而尚未进入法定破产程序之前，对银行整体或局部进行有序处置的行动方案

第十二章 银行监管与市场约束

第一节 银行监管

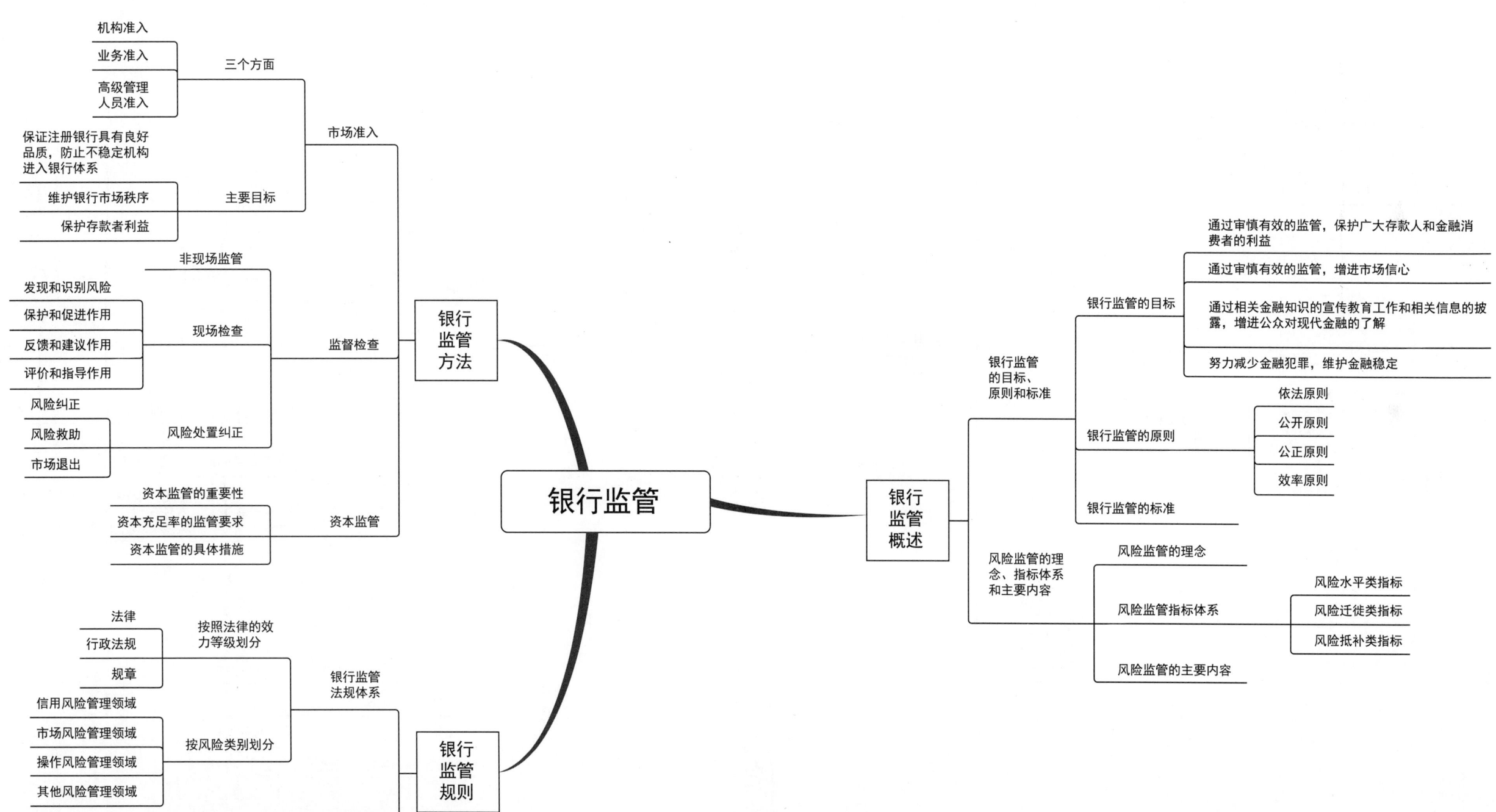

第二节 市场约束

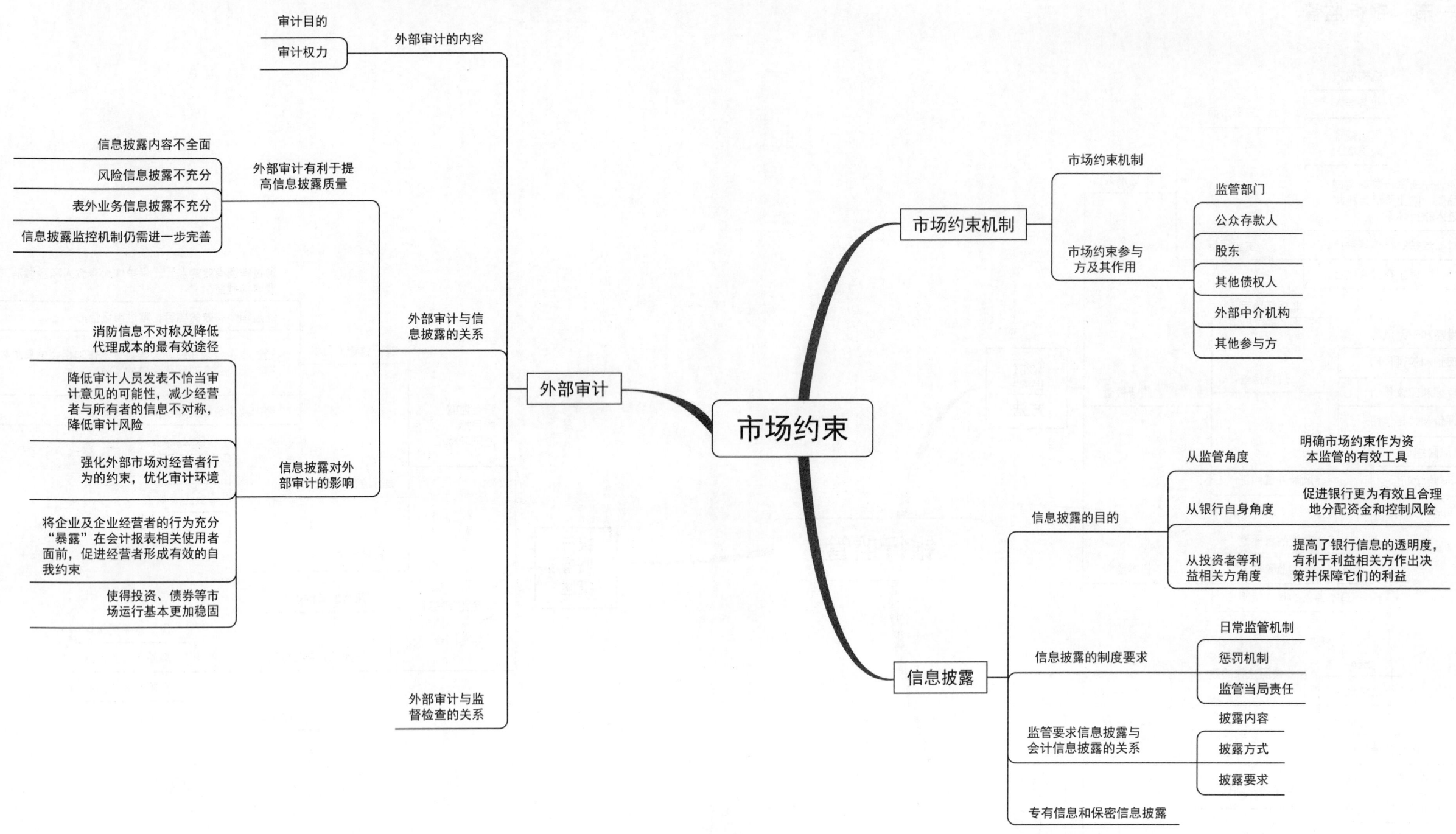

热题库使用说明

热题库设计模型：

欢迎大家使用热题库学习软件，这套软件是全国资格认证考试热题库编委会通过十余年的知识沉淀与经验积累而总结出的一套适用万千考生的学习方法。热题库中的考点和试题均由资深专业教师依据最新考试大纲要求进行编写，同时融入了历年考试真题，在保证试题质量及时效性的基础上，通过经典有效的考点挂习题形式对考点知识进行全方位覆盖，帮助考生逐一击破考试重点、难点及易错点，也因此被众多考生喻为"考试神器"。

- ✓ **新题练习**：以最新大纲要求为主线，为考生提供最新最全的应试题目。
- ✓ **热题研习**：通过对错比率来划分热度，热度越高，题目越精。
- ✓ **熟题重温**：重温做过的题目，加深对知识点的理解与应用。
- ✓ **错题重做**：对做错的题目重新作答，找到薄弱环节，逐个击破。
- ✓ **机编模拟**：按命题思路进行组卷，通过自测，把握考试重点，主攻薄弱环节。
- ✓ **典型试卷**：全国资格认证考试热题库编委会精心编排，囊括重点难点，保质保量。

1 · 主页面
热题库主页面上部分为考试科目名称、考生信息及考生学习情况，具体包括：考生头像、微信昵称、积分、新题总数、错题总数、熟题总数、勤奋/排名。
热题库主页面下部分为六大经典模块，分别是：新题练习、热题研习、熟题重温、错题重做、机编模拟、典型试卷。其中，新题练习、熟题重温、机编模拟为免费模块，热题研习、错题重做、典型试卷为收费模块。

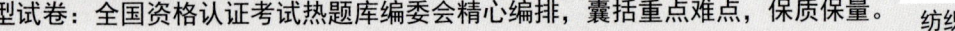

- **积分**：用你的积分可换取试题提问机会。
- **新题**：提醒你，你还有多少道试题未做。
- **头像**：点击头像，进入个人中心，查看你的资考信息。
- **错题**：警告你，你已经做错这些数量的试题。
- **熟题**：恭喜你，你成功答对这些数量的试题。
- **勤奋/排名**：查看你在热题库中的江湖排名。

2
新题中的题目按章节分类，点击章进入节列表，点击节进入考点列表，点击考点进入考点学习，此模块考生可免费使用；
考点中记录详细考点内容及解析，同时记录考点学习人数，点击章、节、考点右侧按钮直接进入答题页面。
考生选择选项后点击"上一题"、"下一题"默认提交答案；点击"查看答案"选项后，将不可再次更改答案；没有选择答案却点击"查看答案"选项后，本题按做错处理；
点击查看答案后，详细展示本题正确答案，正确率，考生选择，易错选项，被答次数。

3
- **考点**：点击考点进入考点详情页面进行学习，并记录考点学习人数。
- **我要提问**：考生在答题过程中遇到疑难问题可以使用"我要提问"进行悬赏积分提问
- **反馈**：考生对有疑问的题目进行错误反馈，老师会在第一时间对题目进行校验。
- **笔记**：在学习过程中记录重点难点题目，方便日后学习。

4 · 熟题重温
在其他模块中做对的题目都会进入"熟题重温"中，帮助考生分出已掌握的题目，节省复习时间。

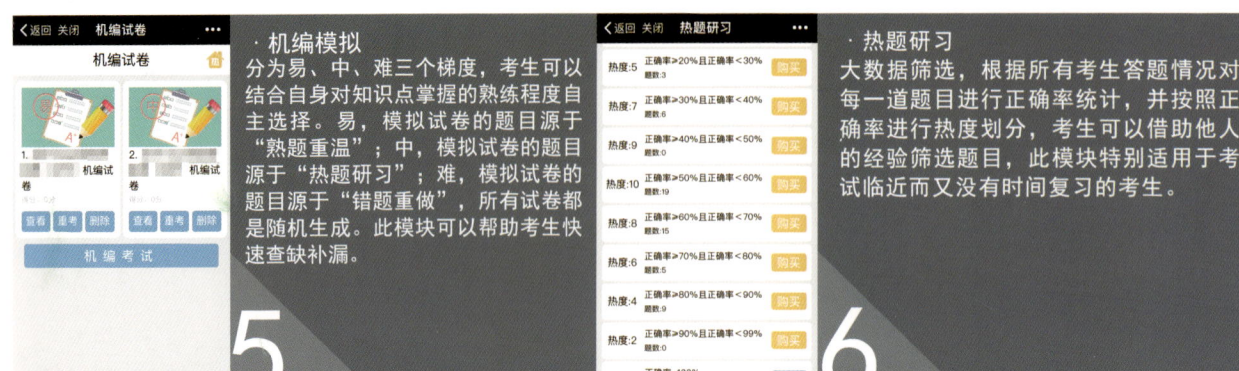

5 · 机编模拟
分为易、中、难三个梯度，考生可以结合自身对知识点掌握的熟练程度自主选择。易，模拟试卷的题目源于"熟题重温"；中，模拟试卷的题目源于"热题研习"；难，模拟试卷的题目源于"错题重做"，所有试卷都是随机生成。此模块可以帮助考生快速查缺补漏。

6 · 热题研习
大数据筛选，根据所有考生答题情况对每一道题目进行正确率统计，并按照正确率进行热度划分，考生可以借助他人的经验筛选题目，此模块特别适用于考试临近而又没有时间复习的考生。

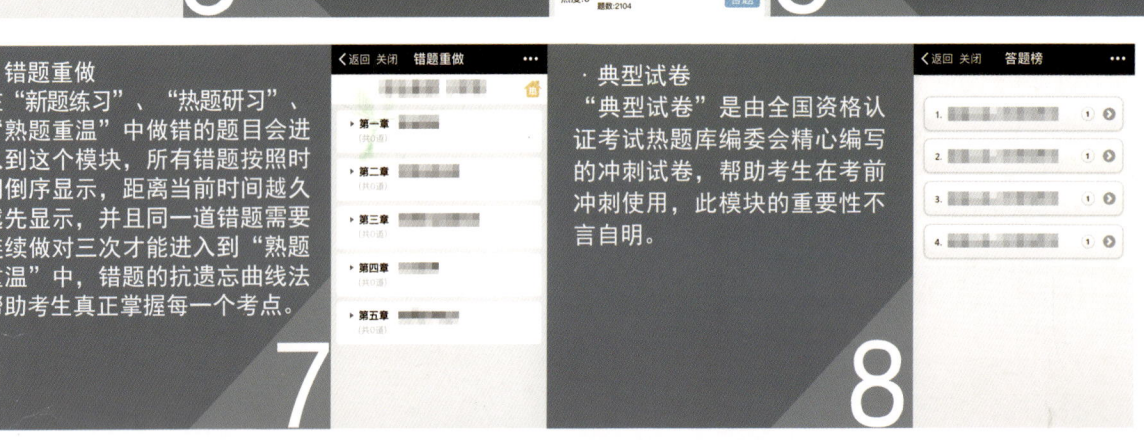

7 · 错题重做
在"新题练习"、"热题研习"、"熟题重温"中做错的题目会进入到这个模块，所有错题按照时间倒序显示，距离当前时间越久越先显示，并且同一道错题需要连续做对三次才能进入到"熟题重温"中，错题的抗遗忘曲线法帮助考生真正掌握每一个考点。

8 · 典型试卷
"典型试卷"是由全国资格认证考试热题库编委会精心编写的冲刺试卷，帮助考生在考前冲刺使用，此模块的重要性不言自明。

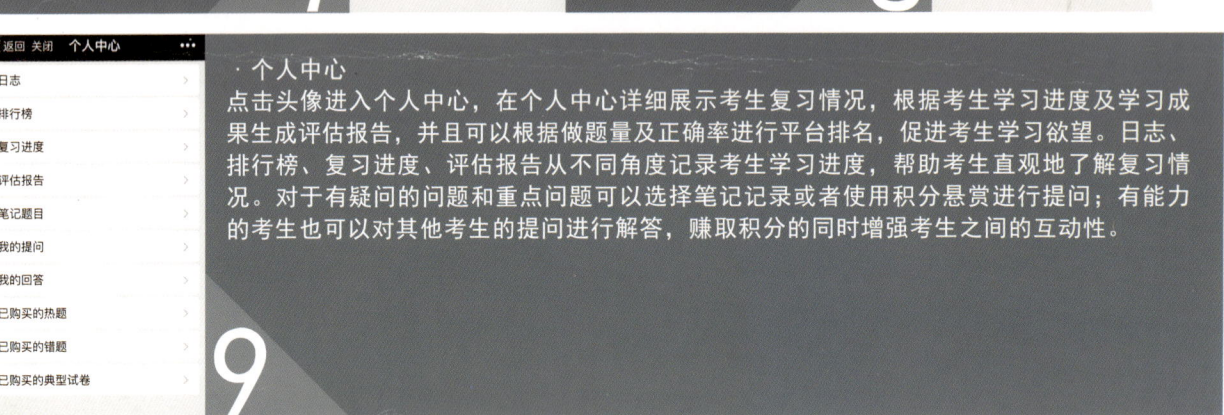

9 · 个人中心
点击头像进入个人中心，在个人中心详细展示考生复习情况，根据考生学习进度及学习成果生成评估报告，并且可以根据做题量及正确率进行平台排名，促进考生学习欲望。日志、排行榜、复习进度、评估报告从不同角度记录考生学习进度，帮助考生直观地了解复习情况。对于有疑问的问题和重点问题可以选择笔记记录或者使用积分悬赏进行提问；有能力的考生也可以对其他考生的提问进行解答，赚取积分的同时增强考生之间的互动性。

10 功能
- **日志**：记录考生每天的复习情况、做题总数、错题总数、正确率，方便考生安排复习计划。
- **排行榜**：对所有参加考试的考生答题情况进行排名，知己知彼百战不殆。
- **复习进度**：把每科考试按照章节划分查漏补缺，哪里没学学哪里。
- **评估报告**：根据考生做题情况进行图表展示，让考生更直观地了解复习情况。
- **笔记题目**：重点难点问题反复学习，记录上次学习知识盲点，温故而知新。
- **我的提问**：考生对有疑问的问题进行提问，快速找到解决和学习办法。
- **我的回答**：考生之间的互动，帮助别人的同时加深自己对知识点的理解，同时赚取积分。
- **已购买的热题**：热题快速进入渠道，直接答题告别繁琐。
- **已购买的错题**：错题快速进入渠道，直接答题告别繁琐。
- **已购买的典型试卷**：典型试卷快速进入渠道，直接答题告别繁琐。

全国银行业专业人员职业资格考试热题库

《风险管理(中级)》模拟试卷(一)

一、单项选择题(共80题,每小题0.5分,共40分。以下备选项中只有一项符合题目要求,不选、错选均不得分)

1. 某一投资组合由两种证券组成,证券甲的预期收益率为8%,权重为0.3,证券乙的预期收益率为6%,权重为0.7,则该投资组合的收益率为( )。
   A. 6.6%   B. 2.4%   C. 3.2%   D. 4.2%

2. 下表为A、B、C三种交易类金融产品每日收益率的相关系数。假设三种产品标准差相同,则下列投资组合中风险最低的是( )。

表 A、B、C每日收益率的相关系数

	A	B	C
A	1		
B	0.85	1	
C	0.25	−0.5	1

   A. 60%的A和40%B   B. 40%的B和60%C
   C. 40%的A和60%B   D. 40%的A和60%C

3. 下列属于国际性金融监管机构的是( )。
   A. 世界银行   B. 国际货币基金组织
   C. 巴塞尔委员会   D. 金融稳定理事会

4. 目前,我国商业银行的资本充足率是以( )为基础计算的。
   A. 会计资本   B. 经济资本   C. 账面资本   D. 监管资本

5. 商业银行外汇交易部门针对一个外汇投资组合过去250天的收益率进行分析,所获得的收益率分布为正态分布,假设该组合的日平均收益率为0.1%,标准差为0.15%,则在下一个市场交易日,该外汇投资组合的当日收益率有95%的可能性落在( )。
   A. −0.05% ~ 0.1%   B. −0.05% ~ 0.25%
   C. 0.1% ~ 0.25%   D. −0.2% ~ 0.4%

6. 商业银行所面临的违约风险、结算风险属于( )类别。
   A. 市场风险   B. 流动性风险   C. 操作风险   D. 信用风险

7. 下列可能给商业银行造成实质性损失,但不属于操作风险事件的是( )。
   A. 信贷人员未经授权调整评级指标   B. 不当言论造成银行声誉受损

C. 黑客攻击造成系统中断　　　　　　D. 交易员超限额交易

8. （　　）属于商业银行所面临的市场风险。

   A. 商业银行无力为负债的减少或资产的增加提供融资而造成损失或破产的风险

   B. 金融资产价格和商品价格的波动给商业银行表内、表外头寸造成损失的风险

   C. 交易双方在结算过程中，一方支付了合同资金但另一方发生违约的风险

   D. 由于人为错误、流程缺失给商业银行造成损失的风险

9. 假设投资者有两种金融产品可供选择，一是国债，年收益率为5.5%；二是银行理财产品，收益率可能为8%、6%、5%，其对应的概率分别为0.2、0.6、0.2，则下列投资方案中效益最高的是（　　）。

   A. 40%投资国债、60%投资银行理财产品

   B. 100%投资国债

   C. 100%投资银行理财产品

   D. 60%投资国债、40%投资银行理财产品

10. 商业银行在发放贷款时，通常会要求借款人提供第三方信用担保作为还款保证，这种做法属于（　　）管理策略。

    A. 风险补偿　　　B. 风险转移　　　C. 风险对冲　　　D. 风险规模

11. 下列未体现商业银行风险管理职能独立性的是（　　）。

    A. 风险管理部门具备足够的职权、资源以及与董事会进行直接沟通的渠道

    B. 设置独立的风险管理部门

    C. 风险管理部门薪酬与业务条线收入挂钩

    D. 风险管理部门以独立于业务部门的报告路线直接向高管层和董事会报告业务的风险状况

12. 下列关于商业银行内部审计独立性的表述，错误的是（　　）。

    A. 独立性要求内部审计人员不能把对其他事物的判断凌驾于对审计事物的判断之上

    B. 独立性是指内审活动独立于他们所审查的活动之外

    C. 内部审计部门在一个特定的组织中，享有经费、人事、内部管理、业务开展等方面的相对独立性

    D. 审计人员在审计活动中不受任何来自外界的干扰，独立自主地开展审计工作

13. 下列关于商业银行风险偏好的表述，错误的是（　　）。

    A. 风险偏好是商业银行全面风险管理体系的重要组成部分

    B. 商业银行在制定战略规划时，应保持战略规划与风险偏好的协调一致

    C. 风险偏好指标值在设定过程中，应主要考虑监管者的期望

    D. 风险偏好需要有效传导至各实体、条线

14. 监管机构关于商业银行数据灵活性的要求，不包括（　　）。

    A. 能够满足内部需求以及监管问询的要求

    B. 要能够生成客制化数据，适应监管要求变化，适应组织架构变化和新业务

    C. 银行应该能够获取和汇总整个集团的所有重要风险数据

D. 银行生成的汇总风险数据应该有针对性地满足压力/危机情境下风险管理报告的需要

15. 操作风险是银行面临的一项重要风险，商业银行应为抵御操作风险造成的损失安排（　　）。
    A. 存款准备金　　B. 存款保险　　C. 经济资本　　D. 资本充足率

16. 对于我国多数商业银行而言，开发风险计量模型遇到的最大困难是（　　）。
    A. 计量模型假设条件太多，与实践不符
    B. 历史数据积累不足，数据真实性难以保障
    C. 计算机系统无法支持复杂的模型运算
    D. 计量模型运算运用数理知识较多，难以掌握

17. 商业银行信用风险监测中，行业经营环境出现恶化的预警指标不包括（　　）。
    A. 金融危机对行业发展产生影响　　B. 行业产能明显过剩
    C. 市场需求出现明显下降　　D. 行业个别企业出现亏损

18. 若商业银行通过历史数据分析得知，借款人A、B的一年期违约可能性分别为0.02%，和0.04%，则根据监管要求，在该银行信用风险内部评级体系中，A、B的一年期违约概率分别为（　　）。
    A. 0.03%，0.03%
    B. 0.02%，0.04%
    C. 0.02%，0.03%
    D. 0.03%．0.04%

19. 假定一年期零息国债的无风险收益率为3%，1年期信用等级为B的零息债券的违约概率为10%，在发生违约的情况下，该债券价值的回收率为60%，则根据风险中性定价模型可推断该零息债券的年收益率约为（　　）。
    A. 8.3%　　B. 7.3%　　C. 9.5%　　D. 10%

20. 目前，我国监管机构对商业银行的贷款拨备率、拨备覆盖率设定的标准及原则分别是（　　）。
    A. ≤1.5%、≤150%，两者孰低
    B. ≥1.5%、≥150%，两者孰高
    C. ≥2%、≥120%，两者孰高
    D. ≤2%、≤120%，两者孰低

21. 根据财政部《金融企业不良资产批量转让管理办法》，金融企业批量转让不良资产的范围不包括（　　）。
    A. 抵债资产
    B. 按规定程序和标准认定为次级、可疑、损失类的贷款
    C. 个人贷款
    D. 已核销的账销案存资产

22. 某商业银行当期信用评级为B级的借款人的违约概率（PD）是0.10，违约损失率（LGD）是0.50。假设该银行当期所有B级借款人的表内外信贷总额为30亿元人民币，违约风险暴露（EAD）是20亿元人民币，则该银行此类借款预期损失为（　　）亿元。
    A. 0.8　　B. 4　　C. 1　　D. 3.2

23. 在权重法下，下列商业银行资产风险权重相等的是（　　）。

A. 对我国中央政府的债权与对其他国家中央政府的债权
B. 对个人住房抵押贷款的债权与对一般企业的债权
C. 对符合标准的小微型企业的债权与对个人的其他债权
D. 对政策性银行的债权与对公共实体部门的债权

24. 客户信用评级是商业银行对客户（　　）的计量和评价,反映客户（　　）的大小。
    A. 偿债能力和偿还意愿；道德风险　　B. 偿债能力和偿还意愿；违约风险
    C. 收入水平和偿债能力；违约风险　　D. 收入水平和偿债能力；道德风险

25. 某客户一笔2000万元的贷款,其中有1200万元国债质押,其余是保证。假如该客户违约概率为1%,贷款违约损失率为40%,则该笔贷款的预期损失是（　　）万元。
    A. 8　　　　　B. 7.2　　　　　C. 4.8　　　　　D. 3.2

26. 商业银行向某客户提供一笔3年期的贷款1000万元。该客户在第1年的违约率是0.8%,第二年的违约率是1.4%,第三年的违约率是2.1%。假设客户违约后,银行的贷款将遭受全额损失。该笔贷款预计到期可收回的金额为（　　）。
    A. 1455.00万元　　B. 1455.41万元　　C. 957.57万元　　D. 960.26万元

27. 场外衍生工具交易需要计量的信用风险加权资产包括（　　）。
    A. 违约风险加权资产和衍生品工具价值变动损失风险加权资产
    B. 信用点差风险加权资产和信用估值调整风险加权资产
    C. 违约风险加权资产和信用估值调整风险加权资产
    D. 违约风险加权资产和信用点差风险加权资产

28. 根据《商业银行资本管理办法（试行）》规定,市场风险资本计量范围包括（　　）。
    A. 交易账户的利率风险和股票风险,交易账户和银行账户的汇率风险和商品风险等四大类别市场风险
    B. 银行账户的利率风险和汇率风险,交易账户和银行账户的股票风险和商品风险等四大类别市场风险
    C. 交易账户的利率风险和汇率风险,交易账户和银行账户的股票风险和商品风险等四大类别市场风险
    D. 交易账户的汇率风险和商品风险,交易账户和银行账户的利率风险和股票风险四大类别市场风险

29. 某商业银行选取过去250天的历史数据计算交易账户的风险价值（VaR）为。780万元人民币,置信水平为99%,持有期为1天。则该银行在未来250个交易日内,预期会有（　　）天交易账户的损失超过780万元。
    A. 2.5　　　　　B. 3.5　　　　　C. 2　　　　　D. 3

30. 下列关于收益率曲线的描述,错误的是（　　）。
    A. 债券的到期收益率通常不等于票面利率
    B. 收益率曲线对应着各类期限的贷款利率

C. 收益率曲线斜向下意味着长期收益率较低

D. 收益率曲线是根据市场上具有代表性的交易品种所绘制的利率曲线

31. 下列关于商业银行董事会对市场风险管理职责的表述，最不恰当的是（   ）。

    A. 负责监督和评价市场风险管理的全面性、有效性

    B. 负责制定市场风险管理制度、流程、偏好

    C. 负责督促高级管理层采取必要措施识别、计量、监测和控制市场风险

    D. 负责确定本行可以承受的市场风险水平

32. 下列不属于商业银行市场风险控制措施的是（   ）。

    A. 利用经济资本配置限制高风险业务

    B. 采用自我评估法评估交易风险和预期损失

    C. 利用金融衍生品对冲或转移市场风险

    D. 对总交易头寸或净交易头寸设定限额

33. 下列关于中央交易对手的说法正确的是（   ）。

    A. 金融危机后要弱化中央交易对手

    B. 中央交易对手不存在信用风险

    C. 中央交易对手能够将所有交易对手的敞口汇总，进行多边净额清算

    D. 中央机构作为交易对手

34. 当商业银行资产负债久期缺口为正时，如果市场利率下降且其他条件保持不变，则商业银行的流动性将（   ）。

    A. 增强   B. 无法确定   C. 保持不变   D. 减弱

35. 某商业银行在95%置信区间、1天持有期的条件下，报告期内交易账户风险价值为660万元人民币，假设其他条件不变，如果置信区间提高至99%，则该银行交易账户的风险价值将（   ）。

    A. 增加   B. 保持不变   C. 无法判断   D. 减小

36. 下列关于商业银行资产负债久期缺口的分析，正确的是（   ）。

    A. 久期缺口为正时，如果市场利率下降，则商业银行的流动性减弱

    B. 久期缺口为负时，如果市场利率上升，则商业银行的流动性减弱

    C. 久期缺口的绝对值越大，利率变化对银行整体价值的影响越小

    D. 久期缺口为零时，利率变动对商业银行的流动性没有影响

37. 下列选项中，商业银行一线业务部门的操作风险管理职责为（   ）。

    A. 拟定本行操作风险管理政策、程序和具体的操作规程

    B. 建立适用于全行的操作风险基本控制标准

    C. 协助其他部门识别、评估、监测、控制及缓释操作风险

    D. 根据本行统一的操作风险管理评估方法，识别、监测本部门的操作风险

38. 在操作风险计量的标准法中，商业银行的"代理服务业务"产品线的β值为（   ）。

    A. 8%   B. 12%   C. 18%   D. 15%

39. 根据《商业银行资本管理办法（试行）》，采用操作风险高级计量法的商业银行，

应具备至少（　　）年观测期的内部损失数据，初次使用高级计量法的商业银行，可使用（　　）年期的内部损失数据。
A. 5；3　　　　　B. 6；4　　　　　C. 5；4　　　　　D. 6；5

40. 某企业由于财务印章被盗用，导致该企业在开户行的巨额存款在几天内被取走，给该行造成不良影响。从操作风险事件分类来看，该事件归于（　　）类别。
A. 内部流程　　　B. 外部事件　　　C. 人员因素　　　D. 系统缺陷

41. 下列关于商业银行业务外包的描述，最不恰当的是（　　）。
A. 银行原来承担的与外包服务有关的责任同时被转移
B. 选择外包服务提供者时要对其财务、信誉状况和独立程度进行评估
C. 一些关键流程和核心业务不应外包出去
D. 银行应了解和管理任何与外包有关的后续风险

42. 商业银行在采用高级计量法计算操作风险监管资本时，可以将保险理赔收入作为操作风险的缓释因素，但保险理赔收入的风险缓释作用最高不应超过操作风险监管资本要求的（　　）。
A. 30%　　　　　B. 20%　　　　　C. 25%　　　　　D. 15%

43. 下列不属于商业银行代理业务中的操作风险的是（　　）。
A. 业务员贪污或截留代理业务手续费　　B. 客户通过代理收付款进行洗钱活动
C. 委托方伪造收付款凭证骗取资金　　　D. 代客理财产品受利率波动造成损失

44. 根据监管机构的要求，商业银行可以使用三种操作风险资本计量方法，其中（　　）风险敏感度最高。
A. 基本指标法　　B. 标准法　　　　C. 内部评级法　　D. 高级计量法

45. 在操作风险资本计量的方法中，（　　）是将商业银行的所有业务划分为八类产品线，对每一类产品线规定不同的操作风险资本要求系数，并分别示出对应的资本，然后加总八类产品线的资本即可得到商业银行总体操作风险的资本要求。
A. 标准法　　　　B. 高级计量法　　C. 基本指标法　　D. 内部评级法

46. 某商业银行2011年度营业总收入为6亿元；2012年度营业总收入为8亿元，其中包括银行账户出售长期持有债券实现的净收益1亿元；2013年度营业总收入为5亿元，则根据基本指标法，该行2014年应持有的操作风险资本为（　　）万元。
A. 945　　　　　B. 9450　　　　　C. 900　　　　　D. 9000

47. 银行体系的流动性主要体现为商业银行整体在中央银行的（　　）。
A. 各项贷款总额　　　　　　　　　　　B. 各项存款总额
C. 现金寸头　　　　　　　　　　　　　D. 超额备付金寸头

48. 商业银行具有相同或相似属性业务风险敞口过大而表现出的风险为（　　），该风险为流动性风险的主要诱因之一。
A. 信用风险　　　B. 战略风险　　　C. 集中度风险　　D. 市场风险

49. 商业银行可以采用流动性比率法评估自身的流动性状况。下列关于流动性比率法的描述最不恰当的是（　　）。
A. 我国《商业银行流动性风险管理办法（试行）》规定，商业银行流动性比例不低

于25%
   B. 商业银行根据外部监督要求和内部管理规定，制定各类资产的合理比率指标
   C. 我国《商业银行流动性风险管理办法（试行）》规定，商业银行流动性覆盖率应当不低于150%
   D. 比率法的前提是将资产和负债按流动性进行分类，并对各类资产负债准确计量

50. 商业银行对（　　）变化的敏感度，最显著影响其资产负债的期限结构。
   A. 存款准备金率　　　　　　　　B. 国债收益率
   C. 票据贴现率　　　　　　　　　D. 存贷款基准利率

51. 在正常市场条件下，下列资产负债匹配方式中，流动性风险最低的是（　　）。
   A. 负债以公司/机构存款为主，资产以中短期贷款为主
   B. 负债以零售客户存款为主，资产以中短期贷款为主
   C. 负债以公司/机构存款为主，资产以中长期贷款为主
   D. 负债以循环发行的短期债券为主，资产以中长期贷款为主

52. 某笔1000万美元贷款的借款人在开曼群岛注册成立，经营资产和实际业务均在泰国，主要原材料来自俄罗斯，产品主要销往英国。该笔业务敞口风险主体最终所属国为（　　）。
   A. 泰国　　　　B. 开曼群岛　　　　C. 英国　　　　D. 俄罗斯

53. 商业银行的下列风险评级中，评级结果不包含违约概率的是（　　）。
   A. 国别评级　　B. 主权评级　　C. 法人客户评级　　D. 个人客户评级

54. 国别风险不同于商业银行所面临的一般风险。据此，下列表述错误的是（　　）。
   A. 国别风险产生或存在于跨国的经济、金融和贸易活动中
   B. 国别风险不可以转移
   C. 国别风险是和国家主权密切相关的风险
   D. 国别风险是由不可抗拒的国外风险因素造成的

55. 对商业银行声誉风险进行有效管理的最佳做法是（　　）。
   A. 声誉风险管理应主要针对高管言行和理财产品
   B. 声誉风险管理应全面覆盖商业银行的各种行为
   C. 声誉风险管理应重在对银行内部控制制度建设
   D. 声誉风险管理应主要针对高管言行和新闻媒体

56. 我国商业银行之间的竞争日趋激烈，普遍面临着收益下降、产品/服务成本增加、产品/服务过剩的发展困局。为有效提升自身的长期竞争能力和优势，各商业银行应重视并强化（　　）的管理。
   A. 声誉风险　　B. 市场风险　　C. 战略风险　　D. 信用风险

57. 商业银行正确处理投诉和批评对于维护其声誉至关重要。据此，下列描述最不恰当的是（　　）。
   A. 商业银行应当将接受投诉和批评看作与客户/公众沟通的好时机
   B. 商业银行应当学会从投诉和批评中积累声誉风险的早期预警经验
   C. 商业银行应当能够准确预测投诉/批评可能造成的风险损失及影响

D. 商业银行应当能够通过投诉和批评，深入发掘自身潜在的风险

58. 下列关于商业银行声誉风险的理解，最恰当的是（　　）。
   A. 声誉风险通过整体的、系统化的方法来管理
   B. 声誉风险无法通过加强内部控制来避免
   C. 声誉风险不会损害到银行的经济价值
   D. 声誉风险与其他风险不具有相关性

59. 商业银行应当通过系统化的管理方法降低声誉风险可能给商业银行造成的损失。以下对声誉风险管理的认识，最不恰当的是（　　）。
   A. 商业银行面临的几乎所有风险都可能危及自身声誉
   B. 声誉风险可以通过历史模拟法进行计量和监测
   C. 所有员工都应当深入理解风险管理理念，恪守内部流程，减少可能造成声誉风险的因素
   D. 有效的声誉风险管理是有资质的管理人员、高效的风险管理流程和现代信息技术共同作用的结果

60. 下列不具备战略风险管理前瞻性、预防性特征的是（　　）。
   A. 将最佳的风险管理办法转变为商业银行的既定政策和原则
   B. 定期评估威胁商业银行的风险因素，及早采取有效措施减少或杜绝各类风险隐患
   C. 对风险造成的损失进行最大程度的控制
   D. 从应急性的风险管理操作转变为预防性的风险管理规划

61. 商业银行将（　　）和经营目标结合起来，是创造公共透明度、维护商业银行声誉的一个重要层面。
   A. 领导能力　　B. 企业社会责任　　C. 盈利能力　　D. 战略发展计划

62. 商业银行有效的战略风险管理应当确保其长期战略、短期目标、（　　）和可利用资源紧密联系在一起。
   A. 风险管理措施　　B. 员工利益　　C. 连续营业方案　　D. 资本实力

63. 《商业银行资本管理办法（试行）》是何时正式施行的？（　　）
   A. 2018年12月31日　　　　　　B. 2013年1月1日
   C. 2012年7月1日　　　　　　　D. 2012年6月7日

64. 商业银行的声誉危机管理应当建立在（　　）的基础上，而且如果能够在监管部门采取行动之前妥善处理，将取得更好的效果。
   A. 良好的内部控制和机构利益　　B. 良好的道德规范和公众利益
   C. 良好的道德规范和股东利益　　D. 维护股东利益

65. 新产品/业务风险识别是指商业银行在产品主管部门在新产品/业务研发和投产过程中结合产品线的（　　）和风险点，对潜在风险事项或因素进行全面分析和识别并查找出风险原因的过程。
   A. 风险事件　　B. 风险特点　　C. 业务特点　　D. 风险类型

66. 下列关于商业银行压力测试的描述，错误的是（　　）。

A. 通过合理的流程和方法，综合反映各个条线、领域专家意见

B. 压力测试应采用定量和定性相结合的方式开展

C. 尽量以定性方法来确定压力测试情景的相关参数

D. 压力测试不仅包括设计情景、分析结果，还包括提出改进措施

67. 商业银行批发和零售存款大量流失，属于（　　）。

　　A. 信用风险　　　B. 流动性风险　　　C. 市场风险　　　D. 操作风险

68. 下列关于商业银行资本规划的表述，错误的是（　　）。

A. 银行应当通过严格和前瞻性的压力测试，测算不同压力条件下的资本需求和资本可获得性

B. 资本规划应充分考虑对银行资本水平可能产生重大负面影响的因素

C. 对于轻度压力测试结果，银行应当在应急预案中明确相应的资本补充政策安排和应对措施

D. 资本规划应至少设定内部资本充足率 3 年目标

69. 根据《商业银行资本管理办法（试行）》，下列关于商业银行第二支柱建设的描述，最不恰当的是（　　）。

A. 银行需要审慎评估各类风险、资本充足水平和资本质量，制定资本规划和资本充足率管理计划

B. 银行需要建立完善的风险管理框架和稳健的内部资本充足评估程序

C. 银行应将内部资本充足评估程序作为内部管理和决策的组成部分

D. 内部资本充足评估程序应至少每三年实施一次

70. 下列不属于商业银行内部资本充足评估内容的是（　　）。

　　A. 风险评估　　　B. 信息披露　　　C. 压力测试　　　D. 资本规划

71. 监管部门监督检查与（　　）共同构成商业银行有效管理和控制风险的外部保障。

　　A. 公司治理　　　B. 资本管理　　　C. 市场约束　　　D. 市场准入

72. 银行监管与外部审计各有侧重，通常情况下，银行监管侧重于（　　）。

A. 银行机构风险和合规性的分析、评价

B. 财务报表检查

C. 会计资料规范性

D. 关注财务数据完整性、准确性和可靠性

73. 中国银监会在总结和借鉴国内外银行监管经验的基础上提出的理念是（　　）。

A. 管法人、管风险、管内控、提高透明度

B. 管法人、管风险、管制度、提高透明度

C. 管机构、管风险、管制度、提高透明度

D. 管法人、管流程、管内控、提高透明度

74. 监管机构对商业银行现场检查的重点不包括（　　）。

　　A. 市场竞争状况　　　　　　　　B. 业务经营的合法合规性

　　C. 资本充足性　　　　　　　　　D. 风险状况

75. 我国银行业监管的目标是促进银行业合法、稳健运行及（　　）。

A. 维护市场的正常秩序　　　　B. 维护金融体系的安全和稳定
C. 维护公众对银行业的信心　　D. 保护债权人利益

76. 银行监管的依法原则是指（　　）。
    A. 监管职权的设定和行使必须依据法律和行政法规的许可
    B. 平等对待所有参与者
    C. 监管活动除法律规定需要保密的,应当具有透明度
    D. 努力降低成本,不给纳税人增添负担

77. 下列选项中,不属于银监会提出的良好银行监管标准的是（　　）。
    A. 对监管者和被监管者都要实施严格、明确的问责制
    B. 高效、节约地使用一切监管资源
    C. 确保银行业金融机构不破产
    D. 对各类监管设限做到科学合理,有所为有所不为,减少一切不必要的限制

78. 下列选项中,属于风险监管的核心步骤的是（　　）。
    A. 规划监管行动　　B. 了解机构　　C. 风险评估　　D. 风险衡量

79. 银行风险监管指标设计的核心是（　　）。
    A. 行业监管　　B. 法律监管　　C. 合规监管　　D. 风险监管

80. 风险水平类指标不包括（　　）。
    A. 预期损失率　　　　　　　B. 核心负债比率
    C. 关注类贷款迁徙率　　　　D. 不良贷款拨备覆盖率

二、多项选择题（共20题,每小题2分,共40分。以下备选项中至少有两项或两项以上符合题目要求,不选、错选均不得分）

1. 商业银行计算杠杆率时,属于核心一级资本扣减项的有（　　）。
   A. 商誉　　　　　　　　B. 自持股票
   C. 净递延税资产　　　　D. 土地使用权
   E. 贷款损失准备缺口

2. 商业银行的战略风险主要体现在（　　）。
   A. 政治、经济和社会环境发生变化
   B. 实现战略目标所需要的资源匮乏
   C. 整个战略实施过程的质量难以保证
   D. 商业银行战略目标缺乏整体兼容性
   E. 为实现战略目标而制定的经营战略存在缺陷

3. 商业银行在制定风险偏好的过程中,应考虑的因素包括（　　）。
   A. 监管要求
   B. 风险偏好与利益相关人的期望
   C. 同业的风险偏好水平
   D. 愿意承担的风险,以及承担风险的能力
   E. 压力测试结果

4. 商业银行在计量客户违约后的债项违约损失率时,应当包括(   )。
   A. 损失的时间价值　　　　　　B. 未收回的本金
   C. 未收回的利息　　　　　　　D. 机会成本
   E. 清收费用

5. 商业银行计量信用风险资本时,下列可以起到信用风险缓释作用的方式有(   )。
   A. 限额管理　　　　　　　　　B. 质押
   C. 净额结算　　　　　　　　　D. 保证
   E. 抵押

6. 下列方法中,计量交易对手信用风险的方法有(   )。
   A. 标准法　　　　　　　　　　B. 历史模拟法
   C. 内部模型法　　　　　　　　D. 单一国别最大敞口法
   E. 现期风险暴露法

7. 商业银行需要计量交易对手信用风险的交易有(   )。
   A. 期货交易　　　　　　　　　B. 债券买卖
   C. 即期外汇买卖　　　　　　　D. 远期交易
   E. 债券回购

8. X 银行与 Y 数据服务中心签订为期 10 年的 IT 系统外包合同,一旦 X 银行的 IT 系统发生严重故障,Y 数据服务中心将保证 X 银行的业务持续运行。针对以上案例分析,下列描述正确的有(   )。
   A. 外包有利于银行将工作重点放在核心业务上
   B. 外包服务最终责任人依然是 X 银行
   C. X 银行旨在通过业务外包来转移操作风险
   D. 业务外包和保险一样,都能够从根本上规避操作风险
   E. 业务外包本身也可能存在风险

9. 商业银行柜员在现金存取款的操作中,存在操作风险的有(   )。
   A. 临时离岗时,钱箱加锁并保管好钥匙
   B. 未审核客户有效身份证办理大额取现业务
   C. 未能正确识别假钞
   D. 未经授权办理大额取现业务
   E. 无支付凭证或使用内部凭证办理客户资金支付业务

10. 商业银行的净稳定资金比例(NSFR)指标和存贷比指标的区别有(   )。
    A. NSFR 指标是短期流动性指标,而存货比指标是单纯的信贷指标
    B. NSFR 是现状指标,而存贷比是预期指标
    C. NSFR 指标包括全部的资产负债表,而存贷比指标只涉及存款贷款
    D. NSFR 指标设计了资产负债的稳定性权重,存贷比指标只考虑总量
    E. NSFR 指标要求大于 100%,而存贷比指标要求不高于 75%

11. 下列做法可能导致商业银行面临较高流动性风险的有(   )。
    A. 以核心存款作为贷款的主要资金来源

B. 将大量短期借款用于长期贷款
C. 保持资产与负债币种匹配
D. 将贷款集中于几个优势行业
E. 在日常经营中持有足够水平的流动资金

12. 商业银行面临的国别风险存在于（　　）经营活动中。
    A. 代理行往来　　　　　　　　B. 由境外服务提供商提供的外包服务
    C. 设立境外机构　　　　　　　D. 国际资本市场业务
    E. 对"一带一路"国家的授信

13. 良好的声誉风险管理有助于提升商业银行的盈利能力和实现长期战略目标，下列事件可能引发商业银行声誉风险的有（　　）。
    A. 内控缺失导致违规案件层出不穷　　B. 违反用工法
    C. 缺乏经营特色　　　　　　　　　　D. 金融产品/服务存在严重缺陷
    E. 缺乏社会责任感

14. 下列关于商业银行战略风险的描述，正确的有（　　）。
    A. 战略风险管理成本高，且未来收益难以确定，得不偿失
    B. 良好的战略风险管理最终会使商业银行获益
    C. 战略风险管理是一种长期性管理
    D. 战略风险管理强化了商业银行对于潜在威胁的洞察力
    E. 战略风险管理是一种短期性管理

15. 商业银行开发新产品/业务所面临的主要风险类型有（　　）。
    A. 声誉风险　　　　　　　　　　B. 法律风险
    C. 操作风险　　　　　　　　　　D. 信用风险
    E. 市场风险

16. 商业银行针对信用风险的压力测试情景包括（　　）。
    A. 部分国际业务敞口面临国别风险或转移风险
    B. 银行支付清算系统突然中断运行
    C. 国内及国际主要经济体宏观经济增长下滑
    D. 房地产价格出现大幅度向下波动
    E. 部分行业出现集中违约

17. 根据《商业银行资本管理办法（试行）》，监管部门对商业银行风险管理进行评估的要素有（　　）。
    A. 全面、及时地识别、计量、监测、缓释和控制风险
    B. 良好的管理信息系统
    C. 有效的董事会和高级管理层的监督
    D. 全面内部控制
    E. 适当的政策、措施和规定

18. 商业银行制定资本规划需要考虑的因素有（　　）。
    A. 风险评估结果　　　　　　　　B. 资本可获得性

C. 未来资本需求 D. 压力测试结果
E. 资本监管要求

19. 在巴塞尔协议Ⅲ出台之际，中国银监会适时推出（   ）四大监管工具，形成中国银行业监管新框架，积极适应国际监管新标准。
    A. 流动性要求 B. 拨备率
    C. 资本要求 D. 杠杆率
    E. 市场约束

20. 依据《商业银行风险监管核心指标（试行）》，属于风险监管核心指标的是（   ）。
    A. 风险暴露类指标 B. 风险迁徙类指标
    C. 风险水平类指标 D. 风险识别类指标
    E. 风险抵补类指标

三、案例题（本题共20分）

案例一

风险事件：2011年10月31日，拥有长达200年历史的世界最大期货交易商——全球曼氏金融控股公司（以下简称"全球曼氏金融"）向纽约南区破产法院提交了破产保护申请。

相关背景：2010年3月，原新泽西州州长和高盛领导人乔恩·克辛被任命为全球曼氏金融新一任首席执行官。2011年2月，乔恩·克辛公布在五年内将全球曼氏金融转型为投资银行的计划。全球曼氏金融"看中"因信用评级下滑价格走低但收益率上升的欧洲国家主权债券，于是大量买入来自意大利、西班牙、比利时、爱尔兰和葡萄牙等国家的债券，并将其抵押获取贷款，希望赚得利差。短短几个月，公司持有高达63亿美元的欧债敞口。随着欧债危机的不断加深，2011年10月24日，穆迪将全球曼氏金融评级调降至略高于垃圾级别。10月25日，全球曼氏金融提前公布了截至9月30日的第二财季的财务状况，披露损失高达1.91亿美元，创历史记录，致使公司股价当天暴跌48%。随后在不到一周的时间内，全球曼氏金融市值蒸发已超过2/3。10月31日，在寻求整体或至少部分出售公司以避免破产命运的多轮谈判失败后，全球曼氏金融只好正式提出破产保护申请。

根据上述案例描述，回答下列5小题。

1. 乔恩·克辛将全球曼氏金融转型为投资银行的计划，使该机构面临的最主要风险是（   ）。（单项选择题，1分）
   A. 信用风险   B. 战略风险   C. 声誉风险   D. 流动性风险

2. 全球曼氏金融买入欧洲国家主权债券，并将其抵押获取贷款。此业务决策给全球曼氏金融带来的三个主要风险是（   ）。（单项选择题，1分）
   A. 信用风险、市场风险、流动性风险   B. 声誉风险、国别风险、市场风险
   C. 市场风险、流动性风险、法律风险   D. 流动性风险、国别风险、声誉风险

3. 2011年10月24日，穆迪将全球曼氏金融评级调降至略高于垃圾级别。此时全球曼氏金融面临的最主要风险包括（   ）。（多项选择题，2分）
   A. 信用风险 B. 流动性风险

C. 市场风险 D. 战略风险
E. 声誉风险

4. 全球曼氏金融提交破产保护申请时，面临的主要风险包括（　　）。（多项选择题，2分）

   A. 流动性风险 B. 战略风险
   C. 信用风险 D. 市场风险
   E. 声誉风险

5. 根据上述案例的描述，下列选项中，对商业银行战略风险管理的认识，最恰当的是（　　）。（单项选择题，2分）

   A. 战略风险管理是一项长期性的战略投资，实施效果短期不能显现
   B. 战略风险管理短期内没有益处
   C. 战略风险可能引发其他多种风险
   D. 战略风险管理不需要配置资本

案例二

2013年6月3日，某银行总行资产负债管理委员会（ALCO）会议上，资产负债管理部总经理严厉指出，我行流动性覆盖率指标（LCR）仅为74%，已经跌破监管红线，不能仅为业务部门的盈利目标而忽视流动性风险管理，目前金融同业务线未来一个月内现金流负缺口太大，必须降低流动性风险敞口，否则可能面临流动性危机。

6月5日，该银行日间现金流管理出现问题，出款按时划出，但几笔进款未能按时到账，导致日终（17：00）在央行备付金账户出现30亿的透支额。5月30日至6月11日该银行备付金情况参见下表。

表　5月30日至6月11日A银行备付金情况

日期2013年	全行备付金	总行备付金	总存款
5月30日	350	60	23000
6月1日	280	75	23250
6月2日	260	65	23100
6月3日	330	70	23050
6月4日	340	66	22990
6月5日	230	-30	22800
6月6日	330	100	22950
6月7日	350	120	22900
6月8日	330	90	22980
6月9日	400	80	23050
6月10日	375	85	22960
6月11日	380	88	22990

6月20日，随着大型商业银行加入借钱大军，市场"平头存、防透支、现金为王"气

氛升温,隔夜拆借利率飙升 578 基点,达到 13.44%,各期限利率全面上升,"钱荒"进一步升级。

根据上述案例描述,回答下列 7 小题。

6. 该银行 LCR 指标已跌破监管红线,根据监管要求,LCR 监管红线是(   )。(单项选择题,1 分)

   A. 90%   B. 95%   C. 100%   D. 120%

7. 6 月 6 日后,该银行在"钱荒"中面临的最突出的内部管理问题是(   )。(单项选择题,2 分)

   A. 在央行的备付金不足
   B. 未来一个月内现金流负缺口太大
   C. 同、世交易对手单一
   D. 利率迅速飙升到 13.44%,市场同业"现金为王"

8. 如果上表中所示年份为 2016 年,按照 2016 年的央行备付金管理规定,下列表述正确的有(   )。(多项选择题,2 分)

   A. 6 月 5 日央行备付金账户 -30 亿元为透支违规
   B. 6 月 5 日央行备付金账户 -30 亿元不违规
   C. 如果 6 月 5 日央行备付金账户透支额为 -250 亿元,则为违规
   D. 按照央行的监管频度,上表中总行平均备付率应是按旬计算
   E. 按照央行的监管频度,上表中总行平均备付金是 72.10 亿元

9. 该银行要降低流动性风险敞口,在"钱荒"期间其合适的措施有(   )。(多项选择题,2 分)

   A. 缩短资产久期,增强资产流动性
   B. 控制金融同业业务的资产负债久期差
   C. 缩短负债久期,避免成本增高
   D. 拉长负债久期,付出一定成本缓解流动性压力
   E. 拉长资产久期,提高资产盈利能力

10. LCR 旨在确保商业银行具有充足的合格流动性资产,能够在银监会规定的流动性压力情景下,通过变现这些资产满足未来至少(   )日的流动性需求。(单项选择题,1 分)

    A. 5   B. 10   C. 20   D. 30

11. 下列对商业银行流动性风险管理的方法中,能使商业银行形成合理的资金来源和资产负债分布结构,以获得稳定的、多样化的现金流量,降低流动性风险的方法有(   )。(多项选择题,2 分)

    A. 在日常经营中持有足够水平的流动资金,持有合理的流动资产组合,作为应付紧急融资的储备
    B. 制定适当的债务组合以及与主要的资金提供者建立稳健持久的关系,以维持资金来源的稳定性与多样化
    C. 控制各类资金来源的合理比例,适度分散客户种类和资金到期日

D. 以同业负债、发行票据等这类性质的资金作为商业银行资金的主要来源，因为其资金来源更加分散

E. 制定风险集中限额，监测日常遵守的情况

12. 下列关于我国商业银行流动性监管主要指标的描述，正确的有（　　）。（多项选择题，2分）

A. 商业银行的流动性覆盖率不低于150%

B. 商业银行的流动性比例不低于25%

C. 商业银行的净稳定资金比例不低于100%

D. 商业银行的核心存款比不低于25%

E. 商业银行的贷存比不高于75%

模拟试卷（一）参考答案及解析

一、单项选择题

1. 【答案】　A

【解析】资产组合的预期收益率为：$E(R) = p_1 r_1 + p_2 r_2 = 8\% \times 0.3 + 6\% \times 0.7 = 6.6\%$。

2. 【答案】　B

【解析】如果资产组合中各资产存在相关性，则风险分散的效果会随着各资产间的相关系数有所不同。假设其他条件不变，当各资产间的相关系数为正时，风险分散效果较差；当相关系数为负时，风险分散效果较好。由表可知只有选项B、C组合的相关系数为-0.5，所以风险最低。

3. 【答案】　C

【解析】为使国际活跃银行公平竞争，十国集团于20世纪70年代初成立了巴塞尔银行监管委员会（简称巴塞尔委员会），专门研究对国际活跃银行的监管问题。

4. 【答案】　D

【解析】以监管资本为基础计算的资本充足率，是监管部门限制银行过度承担风险、保证金融市场稳定运行的重要工具，是指商业银行持有的符合规定的资本（监管资本）与风险加权资产之间的比率。

5. 【答案】　D

【解析】正态随机变量X落在距均值1倍、2倍、2.5倍标准差范围内的概率分别如下：$P(\mu - \sigma < X < \mu + \sigma) \approx 68\%$；$P(\mu - 2\sigma < X < \mu + 2\sigma) \approx 95\%$；$P(\mu - 2.5\sigma < X < \mu + 2.5\sigma) \approx 99\%$。则当概率为95%时，可得$-0.2\% < X < 0.4\%$。

6. 【答案】　D

【解析】信用风险是债务人未能如期偿还债务而给经济主体造成损失的风险，因此又被称为违约风险。作为一种特殊的信用风险，结算风险是指交易双方在结算过程中，一方支付了合同资金但另一方发生违约的风险。

7. 【答案】　B

【解析】操作风险可分为人员因素、内部流程、系统缺陷和外部事件四大类别。选项

A、D 属于人员因素；选项 C 属于外部事件；选项 B 属于声誉风险事件。

8. 【答案】 B

【解析】市场风险是指金融资产价格和商品价格的波动给商业银行表内头寸、表外头寸造成损失的风险。市场风险包括利率风险、汇率风险、股票风险和商品风险。

9. 【答案】 C

【解析】银行理财产品预期收益率：$E(R) = p_1 r_1 + p_2 r_2 + p_3 r_3 = 0.2 \times 8\% + 0.6 \times 6\% + 0.2 \times 5\% = 6.2\%$。根据资产组合的收益率公式 $R_p = W_1 R_1 + W_2 R_2$；选项 A，收益率为 5.92%；选项 B，收益率为 5.5%；选项 C，收益率为 6.2%；选项 D，收益率为 5.78%。

10. 【答案】 B

【解析】风险转移是指通过购买某种金融产品或采取其他合法的经济措施将风险转移给其他经济主体的一种策略性选择。风险转移可分为保险转移和非保险转移，其中，担保属于非保险转移。

11. 【答案】 C

【解析】选项 C，对于控制职能的员工（如风险、合规及内部审计），薪酬制定应独立于其所监督的业务条线之外，绩效指标也应主要基于他们自身目标的实现，避免影响他们的独立性。

12. 【答案】 A

【解析】独立性是指内部审计活动独立于他们所审查的活动之外。衡量是否独立的标准是内部审计活动的开展是否受到干扰。独立性可以理解为内部审计部门的独立性和内部审计人员的独立性。组织上的独立性是指内部审计部门在一个特定的组织中，享有经费、人事、内部管理、业务开展等方面的相对独立性，不受来自管理层和其他方面的干扰和阻挠，独立地开展内部审计活动。人员的独立性是指内部审计人员在审计活动中不受任何来自外界的干扰，独立自主地开展审计工作。选项 A，客观性要求内部审计人员不能把对其他事物的判断凌驾于对审计事物的判断之上。

13. 【答案】 C

【解析】风险偏好是商业银行全面风险管理体系的重要组成部分，是董事会在考虑利益相关者期望、外部经营环境以及自身实际的基础上，最终确定的风险管理的底线。商业银行选取风险偏好指标的原则是兼顾全面性和重要性，突出先进性和原则性。其中，全面性是指偏好应反映主要利益相关人的期望，涵盖经营管理中面临的主要实质性风险，兼顾风险和收益。

14. 【答案】 C

【解析】对于商业银行数据的灵活性，巴塞尔委员会要求：银行生成的汇总风险数据应该有针对性地满足风险管理报告的需要，包括压力/危机情境下的需要、内部需求以及监管问询的要求。加总流程的灵活性是指能够生成客制化数据，适应监管要求变化，适应组织架构变化和新业务。除生成总的风险敞口外，还要具有按监管要求生成数据子集的能力，例如敞口的国别、行业分布，同时强调了"指定日期"，也就变相要求了数据的灵活性。选项 C 属于数据完整性的要求。

15. 【答案】 C

【解析】经济资本是在给定置信水平下，银行用来抵御非预期损失的资本量，也称风险资本，它是一种虚拟的、与银行风险的非预期损失额相等的资本。

16. 【答案】 B

【解析】开发风险管理模型的难度不在于所应用的数理知识多么深奥，关键是模型开发所采用的数据源是否具有高度的真实性、准确性和充足性，以确保最终开发的模型可以真实反映商业银行的风险状况。对于我国的大多数商业银行而言，历史数据积累不足、数据真实性难以评估是目前模型开发遇到的最大难题。另外，计量模型往往都有一定的假设前提，而这些假设是否符合实际情况也是值得探讨的问题。

17. 【答案】 D

【解析】行业经营风险预警指标包括：（1）行业整体衰退；（2）出现重大的技术变革，影响到行业的产品和生产技术的改变；（3）经济环境变化，如经济萧条或出现金融危机，对行业发展产生影响；（4）产能明显过剩；（5）市场需求出现明显下降；（6）行业出现整体亏损或行业标杆企业出现亏损。

18. 【答案】 D

【解析】违约概率是指借款人在未来一定时期内发生违约的可能性。违约概率一般被具体定义为借款人内部评级1年期违约概率与0.03%中的较高者，设定0.03%的下限是为了给风险权重设定下限，也是考虑到商业银行在检验小概率事件时所面临的困难。

19. 【答案】 B

【解析】根据风险中性定价原理，无风险资产的预期收益与不同等级风险资产的预期收益是相等的，即 $P_1(1+K_1)+(1-P_1)\times(1+K_1)\times\theta=1+i_1$。其中，$P_1$ 为期限1年的风险资产的非违约概率，$(1-P_1)$ 即其违约概率；K_1 为风险资产的承诺利息；θ 为风险资产的回收率，等于"1-违约损失率"；i_1 为期限1年的无风险资产的收益率。将题中数据代入上式，$(1-10\%)\times(1+K_1)+10\%\times(1+K_1)\times60\%=1+3\%$，解得，$K_1\approx7.3\%$。

20. 【答案】 B

【解析】监管部门要求商业银行贷款拨备率不低于1.5%，拨备覆盖率不低于150%，原则上按两者孰高的方法确定银行业金融机构贷款损失准备监管要求。

21. 【答案】 C

【解析】金融企业批量转让不良资产的范围包括金融企业在经营中形成的以下不良信贷资产和非信贷资产：（1）按规定程序和标准认定为次级、可疑、损失类的贷款；（2）已核销的账销案存资产；（3）抵债资产；（4）其他不良资产。

22. 【答案】 C

【解析】预期损失＝违约概率（PD）×违约风险暴露（EAD）×违约损失率（LGD）＝ 0.1×20×0.5＝1（亿元）。

23. 【答案】 C

【解析】选项A，对我国中央政府的债权，风险权重为0；而对其他国家中央政府的债权，依据信用评级不同给予不同的风险权重。选项B，对个人住房抵押贷款债权权重为50%1。而对一般企业的债权权重为100%。选项C，对符合标准的小微型企业的债权与对个人的其他债权的权重均为75%。选项D，对政策性银行的债权（不包括次级债权）权重为0；而对公共实体部门的债权权重为20%。

24.【答案】　B

【解析】客户评级是商业银行对客户偿债能力和偿债意愿的计量和评价,反映客户违约风险的大小。客户评级的评价主体是商业银行,评价目标是客户违约风险,评价结果是信用等级和违约概率(PD)。

25.【答案】　D

【解析】预期损失(EL)＝违约概率(PD)×违约风险暴露(EAD)×违约损失率(LGD)。则该题中,预期损失＝1%×(2000－1200)×40%＝3.2(万元)。

26.【答案】　C

【解析】根据题意,第一年预计可收回金额为:1000×(1－0.8%)＝992(万元);第二年预计可收回金额为:992×(1－1.4%)≈978.11(万元);第三年预计可收回金额为:978.11×(1－2.1%)≈957.57(万元)。

27.【答案】　C

【解析】场外衍生工具交易、证券融资交易和与中央交易对手的交易都需要计量交易对手违约风险加权资产,只有场外衍生工具交易需要计量信用估值调整风险加权资产。

28.【答案】　A

【解析】《商业银行资本管理办法(试行)》规定,第一支柱下市场风险资本计量范围包括交易账户的利率风险和股票风险,以及交易账户和银行账户的汇率风险(含黄金)和商品风险。

29.【答案】　A

【解析】风险价值是指在一定的持有期和给定的置信水平下,利率、汇率、股票价格和商品价格等市场风险要素发生变化时可能对产品头寸或组合造成的潜在最大损失。本题题干表明,在未来250个交易日内损失超过780万元的可能性不会超过1%,即2.5天。

30.【答案】　B

【解析】选项B,收益率曲线用于描述收益率与到期期限之间的关系。收益率曲线的形状反映了长短期收益率之间的关系,它是市场对当前经济状况的判断,以及对未来经济走势预期(包括经济增长、通货膨胀、资本回报等)的结果。

31.【答案】　B

【解析】选项B,高级管理层负责制定、定期审查和监督执行市场风险管理的政策、程序以及具体的操作规程,及时了解市场风险水平及其管理状况。

32.【答案】　B

【解析】市场风险控制方法包括限额管理、风险对冲等。市场风险限额指标主要包括:头寸限额、风险价值限额、止损限额、敏感度限额、期限限额、币种限额和发行人限额等;风险对冲的工具主要是金融衍生产品。通过配置合理的经济资本也可降低市场风险敞口。选项B,自我评估法是操作风险控制措施。

33.【答案】　C

【解析】中央交易对手指的是为交易双方提供清算的中间媒介,并作为每一笔交易双方的交易对手而存在的机构。中央交易对手能够将所有交易对手的敞口汇总,进行多边净额清算，大大减少衍生产品交易的总体风险敞口。2008年国际金融危机后，各国监管机构都在大力推进中央交易对手体系的建设，加强对交易对手信用风险的监管力度。

34. 【答案】 A

【解析】当商业银行的久期缺口为正时，如果市场利率下降，则资产与负债的价值都会增加，但资产价值增加的幅度比负债价值增加的幅度大，银行的市场价值将增加，流动性也随之加强。

35. 【答案】 A

【解析】风险价值（VaR）是指在一定的持有期和给定的置信水平下，利率、汇率、股票价格和商品价格等市场风险要素发生变化时可能对产品头寸或组合造成的潜在最大损失。VaR值随置信水平和持有期的增大而增加。

36. 【答案】 D

【解析】选项A，当久期缺口为正值时，如果市场利率下降，则资产价值增加的幅度比负债价值增加的幅度大，流动性增强；选项B，当久期缺口为负值时，如果市场利率上升，则资产价值减少的幅度比负债价值减少的幅度小，流动性增强；选项C，久期缺口的绝对值越大，利率变化对商业银行资产和负债价值的影响越大，对其流动性的影响也越显著。

37. 【答案】 D

【解析】商业银行应当建立清晰的操作风险管理组织架构、政策、工具、流程和报告路线。董事会应承担监控操作风险管理有效性的最终责任，高级管理层应负责执行董事会批准的操作风险管理策略、总体政策及体系。商业银行应指定部门专门负责全行操作风险管理体系的建设，组织实施操作风险的识别、监测、评估、计量、控制、缓释、监督与报告等。业务条线部门是第一道风险防线，其是风险的承担者，应负责持续识别、评估和报告风险敞口。

38. 【答案】 D

【解析】商业银行各业务条线的β系数为："公司金融"、"交易和销售"、"支付和清算"条线为18%；"商业银行业务"、"代理服务"条线为15%；"零售银行业务"、"资产管理"、"零售经纪"条线为12%。

39. 【答案】 A

【解析】《商业银行资本管理办法（试行）》对各类操作风险计量方法的实施前提条件进行了明确规定，采用高级计量法，要求数据全面准确，其中对内部损失数据的要求为：商业银行应具备至少5年观测期的内部损失数据，初次使用高级计量法的商业银行，可使用3年期的内部损失数据。

40. 【答案】 B

【解析】操作风险可分为人员因素、内部流程、系统缺陷和外部事件四大类别。外部事件包括外部欺诈、自然灾害、交通事故、外包商不履责等。其中，外部欺诈是指第三方故意骗取、盗用、抢劫财产、伪造要件、攻击商业银行信息科技系统或逃避法律监管导致的损失事件。

41. 【答案】 A

【解析】选项A，从风险实质性上说，业务操作或服务虽然可以外包，但其最终责任并未被"包"出去。外包并不能减少或免除董事会和高级管理层确保第三方行为的安全稳健以及遵守相关法律的责任。

42. 【答案】 B

【解析】国际上，商业银行所面临的很多操作风险可以通过购买特定的保险加以缓释，例如计算机犯罪保险，主要承保由于有目的地利用计算机犯罪而引发的风险。商业银行在计量操作风险监管资本时，可以将保险理赔收入作为操作风险的缓释因素，但保险的缓释最高不超过操作风险监管资本要求的20%。

43. 【答案】 D

【解析】商业银行代理业务操作风险的种类有：(1) 人员因素；(2) 内部流程；(3) 系统缺陷；(4) 外部事件。选项 A 属于人员因素；选项 B、属于外部事件；选项 D 属于商业银行代理业务中面临的市场风险。

44. 【答案】 D

【解析】监管当局鼓励商业银行自主开发适合自身特点的高级计量法模型，高级计量法风险敏感度高，实现了风险计量和风险管理有机结合框架，有助于展示银行风险管理成效，带来正面声誉。

45. 【答案】 A

【解析】标准法以各业务条线的总收入为计量基础，总收入是个广义的指标，代表业务经营规模，因此也大致代表了各业务条线的操作风险暴露。业务条线分为八个，标准法操作风险资本等于银行各条线前三年总收入的平均值乘上一个固定比例（用β_a表示）再加总。

46. 【答案】 D

【解析】基本指标法下操作风险资本要求的计算公式为：$K_{BIA} = \dfrac{\sum_{i=1}^{n}(GI_i \times \alpha)}{n}$，其中，$GI$ 为过去三年中每年正的总收入（需扣除银行账户上"持有至到期日"和"可供出售"证券实现的损益，扣除非正常项目收入和保险收入），n 为过去三年中总收入为正的年数，α 为15%。题中，该行2014年应持有的操作风险资本 = [6×15% + (8-1)×15% + 5×15%] ÷ 3 = 9000（万元）。

47. 【答案】 D

【解析】银行体系的流动性主要体现为商业银行整体在中央银行的超额备付金头寸。影响超额备付金头寸的主要因素包括外汇占款、贷款投放、节假日因素等。

48. 【答案】 C

【解析】集中度风险源于银行具有相同或相似属性业务风险敞口过大而产生的风险。到期时间过于集中对流动性将产生极大压力，而集中爆发的信用风险也极易引发流动性风险，因此集中度风险是引发信用风险、流动性风险的主要诱因之一。

49. 【答案】 C

【解析】选项C，商业银行的流动性覆盖率应当不低于100%。

50. 【答案】 D

【解析】因各种内外部因素的影响和作用，商业银行的资产负债期限结构时刻都在发生变化，流动性状况也随之改变。除了每日客户存取款、贷款发放/归还、资金交易等会改变商业银行的资产负债期限结构外，存贷款基准利率的调整也会导致其资产负债期限结构发生变化。

51. 【答案】　B

【解析】从商业银行融资流动性的角度来看，零售存款相对稳定，通常被看作是核心存款的重要组成部分。商业银行最常见的资产负债期限错配情况是将大量短期借款（负债）用于长期贷款（资产），即"借短贷长"。如果这种期限错配严重失衡，则有可能因到期资产所产生的现金流入严重不足造成支付困难，从而面临较高的流动性风险。

52. 【答案】　A

【解析】当直接风险主体是空壳公司或特殊目的公司（SPV），比如注册在开曼群岛、维京群岛等离岸金融中心或其他金融中心的客户，则其所在地为从事实际经营活动的地区或其管理机构的所在地。

53. 【答案】　A

【解析】国别评级反映一国（地区）政治、经济、财政、金融、国际收支、制度运营等的综合风险程度。国别风险等级仅表示排序，不代表违约率。

54. 【答案】　B

【解析】选项B，商业银行可以通过投保国别风险保险来转移风险。投保人通过支付一定的保费将所承担的国别风险转移给承保人。承保机构有由各国政府开办或代表政府的出口信用机构以及国际多边担保机构、其他商业性保险公司。

55. 【答案】　B

【解析】2009年8月，中国银监会正式发布《商业银行声誉风险管理指引》，要求商业银行声誉风险管理应当全面覆盖商业银行的各种行为、经营活动和业务领域，督促商业银行规范声誉风险管理，引导商业银行完善全面风险管理体系，并通过审慎有效监管，保护广大存款人和消费者的利益。

56. 【答案】　C

【解析】商业银行正确识别来自于内、外部的战略风险，有助于经营管理从被动防守转变为主动出击，适时采取研发新产品/服务、需求创新、业务拓展等战略性措施，提高盈利能力并确保竞争优势。题干所述情形属于商业银行所面临的外部战略风险中的行业风险。

57. 【答案】　C

【解析】商业银行在运营和发展过程中，出现某些错误是不可避免的，但及时改正并且正确处理投诉和批评至关重要，有助于商业银行提高金融产品/服务的质量和效率。恰当处理投诉和批评对于维护商业银行的声誉固然重要，但是商业银行不能将工作仅停留在解决问题的层面上，通过接受利益持有者的投诉和批评，深入发掘商业银行的潜在风险，才更具价值。商业银行应当从投诉和批评中积累早期声誉风险预警经验。选项C，风险管理人员应当有能力分析和判断投诉的起因、规模、趋势、规律与潜在风险之间的相关性，但无法做到准确预测。

58. 【答案】　A

【解析】商业银行所面临的风险，不论是正面的还是负面的，都必须通过系统化方法管理，因为几乎所有风险都可能影响商业银行声誉，因此声誉风险也被视为一种多维风险。商业银行只有从整体层面认真规划、管理声誉风险，制定明确的运营规范、行为方式和道德标准，并切实贯彻和执行，才能有效管理和降低声誉风险。

59. 【答案】 B

【解析】选项B，历史模拟法是计量和监测市场风险的方法，截至目前，国内外金融机构尚未开发出有效的声誉风险管理量化技术。

60. 【答案】 C

【解析】基于战略风险管理的前瞻性理念的全面、预防性的风险管理方法，是指商业银行应当将最佳的风险管理办法转变为商业银行的既定政策和原则，从应急性的风险管理操作转变为预防性的风险管理规划，通过定期评估威胁商业银行产品/服务、员工、财物、信息以及正常运营的所有风险因素，及早采取有效措施减少或杜绝各类风险隐患，确保商业银行的健康和可持续发展。选项C属于事后控制措施。

61. 【答案】 B

【解析】将商业银行的企业社会责任和经营目标结合起来，是创造公共透明度、维护商业银行声誉的一个重要层面。商业银行应当不仅在其内部广泛传播价值理念，也应当将这种价值观延续到其合作伙伴、客户和供应商/服务商，并在整个经济和社会环境中，树立富有责任感并值得信赖的机构形象。

62. 【答案】 A

【解析】有效的战略风险管理流程应当确保商业银行的长期战略、短期目标、风险管理措施和可利用资源紧密联系在一起。与声誉风险相似，战略风险产生于商业银行运营的所有层面和环节，并与市场风险、信用风险、操作风险和流动性风险等交织在一起。

63. 【答案】 B

【解析】2012年6月8日，中国银监会正式发布《商业银行资本管理办法（试行）》，自2013年1月1日开始施行。

64. 【答案】 B

【解析】传统上，商业银行的危机管理主要采用"辩护或否认"的对抗战略推卸责任，但往往招致更强烈的对抗行动。如今更加具有建设性的危机处理方法是"化敌为友"，敢于面对暂时性的危机或挑战，勇于承担责任并与内外部利益持有者协商解决问题，以缓解利益持有者的持续对抗。因此，声誉危机管理应当建立在良好的道德规范和公众利益的基础上，而且如果能够在监管部门采取行动之前妥善处理，将取得更好的效果。

65. 【答案】 D

【解析】新产品/业务风险识别是指商业银行在产品主管部门在新产品/业务研发和投产过程中结合产品线的风险类型和风险点，对潜在风险事项或因素进行全面分析和识别并查找出风险原因的过程。新产品/业务的主要风险类型包括信用风险、市场风险、操作风险、声誉风险和合规风险。

66. 【答案】 C

【解析】选项C，压力测试应采用定量和定性相结合的方式开展。尽量以定量方法来确定压力情景参数、风险因子相关性以及具体传导过程，并运用定性方法作为补充，通过合理的流程和方法，综合反映各个条线、领域专家意见。

67．【答案】　B

【解析】商业银行针对流动性风险的压力情景包括但不限于以下内容：流动性资产变现能力大幅下降，批发和零售存款大量流失，批发和零售融资的可获得性下降，交易对手要求追加抵（质）押品或减少融资金额，主要交易对手违约或破产等。

68．【答案】　C

【解析】选项C，对于重度压力测试结果，商业银行应当在应急预案中明确相应的资本补充政策安排和应对措施，并充分考虑融资市场流动性变化，合理设计资本补充渠道。

69．【答案】　D

【解析】选项D，内部资本充足评估程序应当至少每年实施一次，在银行经营情况、风险状况和外部环境发生重大变化时，应及时进行调整和更新。

70．【答案】　B

【解析】内部资本充足评估报告是整个内部资本充足评估的总结性报告，内容涵盖内部资本充足评估的主要内容，即风险评估、资本规划和压力测试。

71．【答案】　C

【解析】监管部门监督检查与市场约束共同构成商业银行有效管理和控制风险的外部保障。面对当前复杂多变的全球经济、金融形势，有效银行监管对保持金融稳定的重要性不断提升，全球范围内就加强对银行机构监管、完善监管政策和会计政策、鼓励有效公司治理、提高信息披露水平达成共识，银行监管与市场约束在银行业风险管理体系中的重要性必将进一步提升。

72．【答案】　A

【解析】银行监管侧重于金融机构合规管理与风险控制的分析和评价；外部审计则侧重于财务报表审计，关注财务信息的完整性、准确性、可靠性。

73．【答案】　A

【解析】在总结和借鉴国内外银行监管经验的基础上，中国银监会提出了"管法人、管风险、管内控、提高透明度"的监管理念。这一监管理念内生于中国的银行改革、发展与监管实践，是对当前我国银行监管工作经验的高度总结。

74．【答案】　A

【解析】中国银监会现场检查的重点内容包括：业务经营的合法合规性、风险状况和资本充足性、资产质量、流动性、盈利能力、管理水平和内部控制、市场风险敏感度。

75．【答案】　C

【解析】《银行业监督管理法》明确我国银行业监督管理的目标是：促进银行业的合法、稳健运行，维护公众对银行业的信心。同时，提出银行业监督管理应当保证银行业公平竞争，提高银行业竞争力。

76．【答案】　A

【解析】银行监管的依法原则是指监管职权的设定和行使必须依据法律、行政法规的规定。从法律性质看，监管行为是一种行政行为，依法行政是有效实施监管的基本要求。选项B为公正原则；选项C为公开原则；选项D为效率原则。

77.【答案】 C

【解析】除选项 A、B、D 三项外，银监会提出的良好银行监管标准还包括：(1) 促进金融稳定和金融创新共同发展；(2) 努力提升我国银行业在国际金融服务中的竞争力；(3) 鼓励公平竞争，反对无序竞争。

78.【答案】 C

【解析】风险评估是风险为本监管最为核心的步骤，其作用是认识和把握机构所面临的风险种类、风险水平和演变方向以及风险管理能力。风险评估环节包含四个阶段：首先要了解银行的业务和风险管理制度；其次要界定其主要业务领域；再次要用风险矩阵对每一业务领域的八种潜在风险逐一识别和衡量；最后形成风险评估报告。

79.【答案】 D

【解析】银行风险监管指标设计以风险监管为核心，以法人机构为主体，兼顾分支机构，并形成分类、分级的监测体系。

80.【答案】 C

【解析】风险水平类指标包括信用风险指标、市场风险指标、操作风险指标和流动性风险指标。选项 A 属于流动性风险指标；选项 B、D 属于信用风险指标；选项 C 属于风险迁徙类指标。

二、多项选择题

1.【答案】 ABCE

【解析】核心一级资本的扣减项包括商誉、除土地使用权以外的其他无形资产、由经营亏损引起的净递延税资产、贷款损失准备缺口、资产证券化销售利得、确定收益类的养老金资产、自持股票、对资产负债表中未按公允价值计量的项目进行套期形成的现金流储备、商业银行自身信用风险变化导致其负债公允价值变化带来的未实现收益。

2.【答案】 BCDE

【解析】战略风险是指商业银行在追求短期商业目的和长期发展目标的过程中，因不适当的发展规划和战略决策给商业银行造成损失或不利影响的风险。战略风险主要体现在四个方面：(1) 商业银行战略目标缺乏整体兼容性；(2) 为实现战略目标而制定的经营战略存在缺陷；(3) 为实现战略目标所需要的资源匮乏；(4) 整个战略实施过程的质量难以保证。

3.【答案】 ABDE

【解析】商业银行在制定风险偏好过程中需要考虑以下因素：(1) 风险偏好与利益相关人的期望；(2) 该行愿意承担的风险，以及承担风险的能力；(3) 监管要求；(4) 压力测试的结果。

4.【答案】 ABCE

【解析】违约损失率估计应基于经济损失，包括由于债务人违约造成的较大的直接和间接的损失或成本，以及违约债项回收金额的时间价值、银行自身处置和清收能力对贷款回收的影响。其中，直接损失或成本是指能够归结到某笔具体债项的损失或成本，包括本金和利息损失、抵押品清收成本或法律诉讼费用等。间接损失或成本是指因管理或清收违约债项产生的但不能归结到某一笔具体债项的损失或成本，应采用合理方式分摊间接损失或成本。

5. 【答案】 BCDE

【解析】信用风险缓释是指银行采用内部评级法计量信用风险监管资本时，运用合格的抵（质）押品、净额结算、保证和信用衍生工具等方式转移或降低信用风险。

6. 【答案】 ACE

【解析】巴塞尔委员会共提出三种交易对手信用风险暴露计量方法，较常用的方法是现期风险暴露法、标准法和内部模型法。

7. 【答案】 DE

【解析】交易对手信用风险需要计量银行账户和交易账户下三类交易的风险：（1）场外衍生工具交易形成的交易对手信用风险；（2）证券融资交易形成的交易对手信用风险，主要包括回购交易、证券借贷和保证金贷款等交易；（3）与中央交易对手交易形成的信用风险。选项 D 属于场外衍生工具交易；选项 E 属于证券融资交易。

8. 【答案】 ABCE

【解析】选项 D，银行必须对外包业务的风险进行管理，一些关键过程和核心业务不应外包出去，因为过多的外包也会产生额外的操作风险或其他隐患，因此业务外包不能从根本上规避操作风险。

9. 【答案】 BCDE

【解析】现金存取款柜台业务环节操作风险的违规事项，除选项 B、C、D、E 外，还包括：（1）离岗后钱箱未加锁或虽加锁但钥匙未妥善保管；（2）外部人员采取化整为零手段，通过其他商业银行相互间、账户间频繁存取现金，进行洗钱活动等。

10. 【答案】 CDE

【解析】选项 A，NSFR 和存贷比均属于计量流动性风险的长期结构性指标。选项 B，存贷比 = 各项贷款余额/各项存款余额 × 100%，该式的分子分母均不需估算，因此存贷比指标是现状指标；而：NSFR = 可用稳定资金/所需稳定资金 × 100%，其中，分母"所需稳定资金"即估算在持续 1 年的流动性紧张环境中，无法通过自然到期、出售或抵押借款而变现的资产数量，因此，NSFR 是预期指标。

11. 【答案】 BD

【解析】选项 B，商业银行最常见的资产负债期限错配情况是将大量短期借款（负债）用于长期贷款（资产），即"借短贷长"，如果这种期限错配严重失衡，则有可能因到期资产所产生的现金流入严重不足造成支付困难，从而面临较高的流动性风险；选项 D，如果商业银行的贷款过度集中于某个行业或某类金融产品，则一旦出现不利的市场情况时，必然遭受巨大损失乃至破产倒闭。

12. 【答案】 ABCDE

【解析】国别风险存在于授信、国际资本市场业务、设立境外机构、代理行往来和由境外服务提供商提供的外包服务等经营活动中。

13. 【答案】 ABCDE

【解析】良好的声誉是商业银行生存之本。商业银行一旦被发现其金融产品/服务存在严重缺陷（如电子银行业务缺乏足够的安全性和稳定性），或内控缺失导致违规案件层出不穷，或缺乏经营特色和社会责任感，那么即便花费大量的时间和金钱用于事后的危机管理，也难以弥补对商业银行声誉造成的实质性损害。

14. 【答案】 BCD

【解析】战略风险管理能够最大限度地避免经济损失、持久维护和提高商业银行的声誉和股东价值。战略风险管理通常被认为是一项长期性的战略投资，实施效果需要很长时间才能显现。战略风险管理强化了商业银行对于潜在风险的洞察力，能够预先识别所有潜在风险以及这些风险之间的内在联系和相互作用，并尽可能在危机真实发生前就将其有效遏制。

15. 【答案】 ACDE

【解析】商业银行开发新产品/业务所面临的主要风险类型有：信用风险、市场风险、操作风险、声誉风险、合规风险。

16. 【答案】 ACDE

【解析】商业银行针对信用风险的压力情景包括但不限于以下内容：（1）国内及国际主要经济体宏观经济增长下滑；（2）房地产价格出现较大幅度向下波动；（3）贷款质量和抵押品质量恶化；（4）授信较为集中的企业和主要交易对手信用等级下降乃至违约；（5）部分行业出现集中违约；（6）部分国际业务敞口面临国别风险或转移风险；（7）其他对银行信用风险带来重大影响的情况等。选项 B 属于商业银行针对流动性风险的压力测试情景。

17. 【答案】 ABCDE

【解析】根据《商业银行资本管理办法（试行）》的规定，监管部门对商业银行风险管理能力的评估主要包括以下方面：（1）有效的董事会和高级管理层监督；（2）适当的政策、程序和限额；（3）全面、及时地识别、计量、监测、缓释和控制风险；（4）良好的管理信息系统；（5）全面的内部控制。

18. 【答案】 ABCE

【解析】商业银行制定资本规划，应当综合考虑风险评估结果、未来资本需求、资本监管要求和资本可获得性，确保资本水平持续满足监管要求。

19. 【答案】 ABCD

【解析】2011 年，在巴塞尔协议Ⅲ出台之际，中国银监会及时推出资本要求、杠杆率、拨备率和流动性要求四大监管工具，初步形成中国银行业监管新框架，以积极适应国际监管新标准。

20. 【答案】 BCE

【解析】依据中国银监会颁布的《商业银行风险监管核心指标（试行）》，风险监管核心指标分为以下三个主要类别：风险水平类指标、风险迁徙类指标、风险抵补类指标。

三、案例题

1. 【答案】 B

【解析】战略风险是指商业银行在追求短期商业目的和长期发展目标的过程中，因不适当的发展规划和战略决策给商业银行造成损失或不利影响的风险。

2. 【答案】 A

【解析】欧债危机的加深，使得持有欧洲国家主权债券面临巨大的信用风险；市场对欧洲国家主权债券的看跌会致使其价格大幅下降，全球曼氏金融将面临市场风险；巨大的信用风险和市场风险最终会引发流动性风险。

3. 【答案】 ABCE

【解析】选项 A、B、C，全球曼氏金融持有的欧洲国家主权债券依然会使其面临信用风险、市场风险及流动性风险。选项 E，穆迪对全球曼氏金融评级的下调会引发贷款人对全球曼氏金融资产质量的担忧，要求其提前还款，从而使全球曼氏金融陷入新的财务"流动性"困境，流动性风险加剧会引发市场及投资者对全球曼氏金融的负面评价，使其面临声誉风险。

4. 【答案】 AE

【解析】选项 A，全球曼氏金融提交破产保护申请后仍然需要清偿债务，面临流动性风险；选项 E，破产申请亦会使全球曼氏金融面临声誉风险。

5. 【答案】 C

【解析】战略风险管理通常被认为是一项长期性的战略投资，实施效果需要很长时间才能显现。实质上，商业银行可以在短期内便体会到战略风险管理的诸多益处，例如比竞争对手更早采取风险控制措施，可以更为妥善地处理风险事件等。战略风险与其他主要风险密切联系且相互作用，是一种多维风险。

6. 【答案】 C

【解析】商业银行的流动性覆盖率（LCR）应当不低于100%。在流动性覆盖率低于100%时，应对上述情况出现的原因、持续时间、严重程度、银行是否能在短期内采取补救措施等多方面因素进行分析。

7. 【答案】 B

【解析】金融同业务线未来一个月内现金流负缺口太大，在"钱荒"中无疑会使 A 银行雪上加霜，面临流动性危机。

8. 【答案】 AC

【解析】超额备付金率 =（在中国人民银行的超额准备金存款 + 库存现金）/各项存款，该指标不得低于2%，通常为2%~5%。选项 A，若6月5日央行备付金账户透支额为 -250亿元，则超额备付金率 = [230 +（-250）]/22800 < 0，违规；选项 B、C，6月5日央行备付金账户 -30 亿元时，超额备付金率 = [230 +（-30）]/22800×100% ≈ 0.88%，低于监管标准，属于违规；选项 D，备付率一般按月度监测，日常流动性风险管理中则按日监测；选项 E，总行平均备付金 = [60 + 75 + 65 + 70 + 66 +（-30）+ 100 + 120 + 90 + 80 + 85 + 88] /12 ≈ 72.42（亿元）。

9. 【答案】 ABD

【解析】在"钱荒"期间，整个市场流动性不足，利率有上升趋势，此时如果资产久期越长，则利率上升对资产价格下降的影响越大，应缩短资产久期，加快资产的回收，增强资产的流动性；同时拉长负债久期，缓解流动性压力；并注意控制金融同业务的资产负债久期差，使其处于合理范围之内。

10. 【答案】 D

【解析】流动性覆盖率（LCR）旨在确保商业银行具有充足的合格优质流动性资产，能够在银监会规定的流动性压力情景下，通过变现这些资产满足未来至少30日的流动性需求。流动性覆盖率的计算公式为：流动性覆盖率 = $\dfrac{\text{合格优质流动性资产}}{\text{未来30日现金净流出量}} \times 100\%$。

11. 【答案】 ABCE

【解析】选项D，通常，零售性质的资金（如居民储蓄）因为其资金来源更加分散、同质性更低，相比批发性质的资金（如同业拆借、公司存款）具有更高的稳定性。因此，以零售资金来源为主的商业银行，其流动性风险相对较低。

12. 【答案】 BCE

【解析】选项A，商业银行的流动性覆盖率不低于100%；选项D，监管部门并未对商业银行的核心存款比提出要求。

全国银行业专业人员职业资格考试热题库

《风险管理（中级）》模拟试卷（二）

一、单项选择题（共80题，每小题0.5分，共40分。以下备选项中只有一项符合题目要求，不选、错选均不得分）

1. 通过分析过去三个月内英镑兑美元的汇率，得到汇率均值为1英镑＝1.64美元，汇率波动标准差为250个基点。假设英镑兑美元的汇率波动基本符合正态分布，则预期未来三个月中，英镑兑美元的汇率有95%，的可能性处于（　　）美元之间。
   A. 1.565～1.750 B. 1.90～1.690
   C. 1.615～1.665 D. 1.540～1.740

2. 权威信用评级机构将一家受金融危机影响的AAA级企业改评为AA级，则表明与该企业发生业务往来的商业银行所面临的（　　）增加。
   A. 声誉风险 B. 操作风险 C. 信用风险 D. 法律风险

3. 商业银行通常设定贷款投放的行业比例，这种做法属于（　　）策略。
   A. 风险转移 B. 风险规避 C. 风险分散 D. 风险对冲

4. 商业银行发放贷款时，未严格执行先落实抵押手续、后放款的规定，致使贷款处于无抵押的高风险状态，此类风险事件属于（　　）类别。
   A. 操作风险 B. 流动性风险 C. 法律风险 D. 市场风险

5. 在现代金融风险管理实践中，关于商业银行经济资本配置的表述，最不恰当的是（　　）。
   A. 对不擅长且不愿意承担风险的业务可提高风险容忍度和经济资本配置
   B. 经济资本的分配最终表现为授信额度和交易限额等各种业务限额
   C. 经济资本的分配依据董事会制定的风险战略和风险偏好来实施
   D. 对不擅长且不愿意承担风险的业务，设立非常有限的风险容忍度并配置非常有限的经济资本

6. 在现代商业银行风险管理实践中，风险规避策略主要通过（　　）来实现。
   A. 减少经济资本配置 B. 降低风险暴露
   C. 风险转移 D. 设定止损限额

7. 关于商业银行流动性风险与其他风险的相互作用关系，下列表述错误的是（　　）。
   A. 操作风险不会对流动性造成显著影响
   B. 声誉风险可能削弱存款人的信心而造成大量资金流失，进而导致流动性困难
   C. 承担过多的信用风险会同时增加流动性风险
   D. 市场风险会影响投资组合产生流动资金的能力，造成流动性波动

8. 假设下列银行贷款的债务人为同一客户，则这几种贷款中风险最大的是（　　）。

A. 贷款金额为2000万元且可收回率40%
B. 贷款金额为1000万元且无任何担保
C. 贷款金额为1100万元且有保证担保
D. 贷款金额为2200万元且可收回率为50%

9. 下列不属于商业银行代理业务中的操作风险的是（　　）。
   A. 代客理财产品由于市场利率波动而造成损失
   B. 客户通过代理收付款进行洗钱活动
   C. 委托方伪造收付款凭证骗取资金
   D. 业务中贪污或截留代理业务手续费

10. 某银行为争取客户资源开发了一种新的理财产品，但该理财产品存在的设计缺陷可能给银行带来巨大损失。该情况对应的操作风险成因属于（　　）类别。
    A. 外部事件　　B. 内部流程　　C. 人员因素　　D. 系统缺陷

11. 根据商业银行风险管理的最佳实践，下列关于风险管理部门职能的描述，恰当的是（　　）。
    A. 风险管理部门应当与业务部门保持相对独立
    B. 风险管理部门应当全面负责风险管理策略的执行
    C. 风险管理能力有限的商业银行可以将风险识别转移到其他部门
    D. 风险管理部门应当承担风险管理的最终责任

12. 商业银行风险管理部门的主要职责不包括（　　）。
    A. 根据有关的风险信息，作出经营战略方面的决策并付诸实施
    B. 负责风险管理偏好等相关政策的制定
    C. 为管理决策提供整体风险状况的信息
    D. 负责核准复杂金融产品的定价模型

13. 根据《商业银行资本管理办法（试行）》，商业银行的（　　）负责制定本行的风险偏好。
    A. 董事会　　B. 风险管理部门　　C. 监事会　　D. 风险管理委员会

14. 商业银行公司治理结构应确保（　　）对商业银行的战略性指导和对高级管理人员有效监督，并对商业银行的股东负责。
    A. 监事会　　B. 董事会　　C. 员工　　D. 高级管理层

15. 下列关于商业银行高级管理层对市场风险管理职责的表述，错误的是（　　）。
    A. 负责承担对市场风险管理的最终责任
    B. 负责组织人力、物力、系统等资源有效地识别、计量、监测和控制市场风险
    C. 及时掌握市场风险水平及其管理状况
    D. 负责定期审查和监督执行市场风险管理政策、程序以及具体操作规程

16. 商业银行计算经济资本时，置信水平的选择对经济资本配置的规模有很大影响。通常，置信水平（　　），则相应配置的经济资本规模（　　），抵御风险的能力。
    A. 不变；减小；变高
    B. 越低；越小；越高
    C. 越高；越大；越低
    D. 越高；越大；越高

17. 根据商业银行信用风险内部评级法，不同信用等级的客户，其违约风险与信用等级之间的变化趋势应当为（   ）。

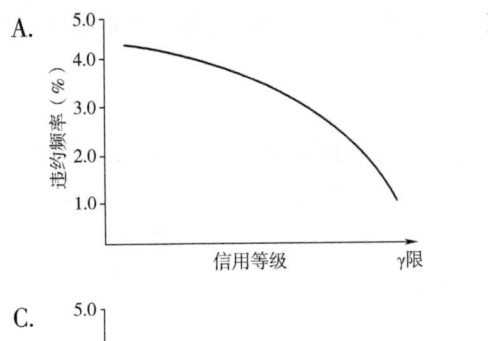
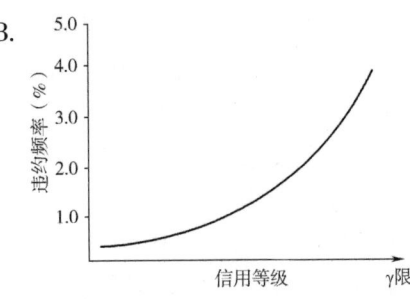
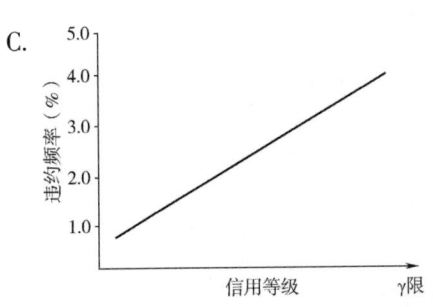
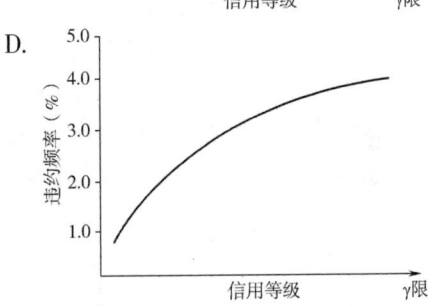

18. 商业银行贷款定价应至少覆盖贷款的（   ）。

　　A. 预期损失　　　　B. 非预期损失　　　　C. 违约损失　　　　D. 极端损失

19. 某商业银行信用卡业务（无担保循环）个人类表内透支余额是 50 亿元，表外未使用的信用卡授信额度是 200 亿元。假设对应的表内风险权重是 75%，表外风险转换系数是 20%。则该商业银行计量的信用卡风险加权资产量最可能的是（   ）亿元。

　　A. 40　　　　　　　B. 90　　　　　　　　C. 30　　　　　　　　D. 67.5

20. 下表为某商业银行当期贷款五级分类的迁徙矩阵。

表　某商业银行当期贷款五级分类的迁徙矩阵

		期末				
		正常	关注	次级	可疑	损失
期初	正常	90%	10%	0	0	0
	关注	5%	80%	10%	5%	0
	次级	0	5%	80%	10%	5%
	可疑	0	0	10%	70%	20%

已知期初正常类贷款余额 500 亿，关注类贷款余额 40 亿，次级类贷款余额 20 亿，可疑类贷款余额 10 亿，损失类贷款余额 0，则该商业银行当期期末的不良贷款余额是（   ）亿。

　　A. 75　　　　　　　B. 84.5　　　　　　　C. 35　　　　　　　　D. 81.3

21. 借款人向银行申请 1 年期贷款 100 万，经测算其违约概率为 2.5%，违约回收率为

40%，该笔贷款的信用 VaR 为 10 万，则该笔贷款的非预期损失为（　　）万。
   A. 9　　　　　　B. 1.5　　　　　　C. 60　　　　　　D. 8.5

22. 商业银行采用信用风险内部评级法初级法时，除了回购类交易的有效期限是 0.5 年外，其他非零售风险暴露的有效期限是（　　）年。
    A. 3　　　　　　B. 2　　　　　　C. 2.5　　　　　　D. 5

23. 根据监管要求，商业银行使用权重法计算风险加权资产时，监管类别"优"所对应的风险权重为（　　）。
    A. 100%　　　　B. 50%　　　　C. 70%　　　　D. 0

24. 假设商业银行当年将 100 个客户的信用等级评为 BB 级，第二年观察这组客户，发现有 3 个客户违约，则 3% 是（　　）。
    A. 违约频率　　B. 不良贷款率　　C. 违约损失率　　D. 违约概率

25. 下列关于商业银行评级验证的表述，最恰当的是（　　）。
    A. 各家银行所采用的验证方法应当统一
    B. 验证本质上是证明银行内部评级体系的必要性
    C. 验证主要由监管当局负责
    D. 验证应随着风险管理手段的改进而调整

26. 下列关于商业银行违约风险暴露的表述，正确的是（　　）。
    A. 违约风险暴露应包括对客户的应收未收利息
    B. 违约风险暴露应扣除相应的担保抵押资产
    C. 违约风险暴露只包括对客户已发生的表内资产
    D. 违约风险暴露只针对银行的表外资产

27. 作为市场风险的重要计量和分析方法，缺口分析通常用来衡量商业银行当期收益对利率变动的敏感性，侧重于分析（　　）。
    A. 期权风险　　　　　　　　B. 重新定价风险
    C. 收益率曲线风险　　　　　D. 基准风险

28. 假设某商业银行存在负债敏感型缺口，则市场利率上升会导致银行的净利息收入（　　）。
    A. 上升　　　　　B. 下降　　　　　C. 不变　　　　　D. 无法判断

29. 下列关于三种计算风险价值方法的优缺点分析中，错误的是（　　）。
    Ⅰ. 方差－协方差法适用于计算期权产品的风险价值
    Ⅱ. 历史模拟法和蒙特卡罗模拟法均能对"肥尾"现象加以考虑
    Ⅲ. 蒙特卡罗模拟法对基础风险因素的分布没有特定的假设
    Ⅳ. 蒙特卡罗模拟法通过设置消减因子（Decay Factor）可使模拟结果对近期市场变化更快做出反应
    A. Ⅰ和Ⅲ　　　　B. Ⅲ和Ⅳ　　　　C. Ⅰ和Ⅱ　　　　D. 只有Ⅰ

30. 商业银行在风险管理的过程中，进行压力测试的目的是（　　）。
    A. 评估银行在极端不利情况下的损失承受能力
    B. 分析资产组合历史的损益分布

C. 研究过去已经发生的市场突变

D. 进行有效的事后检验

31. 下列明显不应被列入商业银行交易账户头寸的是（　　）。
    A. 代客购汇 100 万美元
    B. 买入 1 亿美元美国国债
    C. 为对冲 1000 万美元贷款的汇率风险而持有的期货合约
    D. 买入 10 亿元人民币金融债

32. 根据监管要求，商业银行可采用（　　）来计量市场风险资本。
    A. 基本指标法　　B. 内部模型法　　C. 高级计量法　　D. 内部评级法

33. 当市场资金紧张导致供需不平衡时，资金可能会出现期限短而收益率高、期限长而收益率低的情况，这种情况表现的是（　　）。
    A. 波动收益率曲线　　　　　　B. 反向收益率曲线
    C. 正向收益率曲线　　　　　　D. 水平收益率典线

34. 某商业银行用一年期美元存款作为一年期欧元贷款的融资来源，存款按照美国国库券利率每半年定价一次，贷款按照伦敦同业拆借市场利率每半年定价一次；该笔欧元贷款为可提前偿还的贷款。则该银行所面临的市场风险不包括（　　）。
    A. 期权性风险　　B. 基准风险　　C. 重新定价风险　　D. 汇率风险

35. 假设其他条件保持不变，下列关于商业银行利率风险的表述，正确的是（　　）。
    A. 购买票面利率为 3% 的国债，当期资金成本为 2%，则该交易不存在利率风险
    B. 发行固定利率债券有助于降低利率上升可能造成的风险
    C. 以 3 个月 LIBOR 为参照的浮动利率债券，其债券利率风险为 0
    D. 资产以固定利率为主，负债以浮动利率为主，则利率上升有助于增加收益

36. 作为市场风险的重要计量和分析方法，久期分析通常用来衡量商业银行的经济价值对利率变动的敏感性，与缺口分析相比，它侧重于分析（　　）。
    A. 期权性风险　　　　　　　　B. 基准风险
    C. 利率变动的长期影响　　　　D. 重新定价风险

37. 商业银行将部分企业贷款的贷前调查工作外包给专业调查机构，并根据该机构提供的调查报告，与某企业签订了一份长期抵押贷款合同。不久，经济形势恶化导致该企业出现违约行为，同时商业银行发现其抵押物价值严重贬损。在这起风险事件中，（　　）应当承担风险损失的最终责任。
    A. 贷款审批人　　B. 贷款企业　　C. 专业调查机构　　D. 商业银行

38. 商业银行可以采取以下哪项措施进行操作风险缓释？（　　）
    A. 放弃衍生产品创新　　　　　B. 外包数据备份业务
    C. 实行差错率考核　　　　　　D. 改变市场定位

39. 下列商业银行面临的风险中，不能采用风险对冲策略进行管理的是（　　）。
    A. 利率风险　　B. 操作风险　　C. 汇率风险　　D. 商品风险

40. 下列哪项不属于造成商业银行操作风险的外部因素？（　　）
    A. 外部欺诈　　B. 自然灾害　　C. 行业竞争激烈　　D. 交通事故

41. 下列不属于商业银行的业务的是（   ）。
    A. 公开市场业务   B. 交易和销售   C. 零售银行业务   D. 公司金融
42. 以下哪类风险事件不应当被划分为操作风险？（   ）
    A. 交易系统中的执行价格与会计记录系统存在差异
    B. 部分营业场所系统故障造成客户损失
    C. 柜员错误收取外币汇款手续费
    D. 客户提前赎回理财产品造成银行收入降低
43. 商业银行员工在代理业务操作中，下列行为易造成操作风险的是（   ）。
    A. 设立专户核算代理资金
    B. 签订书面委托代理合同
    C. 代理手续费收入先用于员工奖励，再纳入银行大账核算
    D. 遇到误导性宣传和错误销售，对业务风险进行必要的提示
44. 下列引起操作风险的原因中，抵押权证、房产证丢失属于（   ）。
    A. 员工因素   B. 内部流程   C. 外部事件   D. 系统缺陷
45. 下列选项中，不属于文件或合同缺陷表现的是（   ）。
    A. 提供的产品在权利义务结构方面不健全
    B. 提供的产品在业务管理框架方面不完善
    C. 提供的产品在风险管理要求方面不完善
    D. 提供的产品在服务消费者方面考虑不周到
46. 下列选项中，因银行内部流程而引发的操作风险是（   ）。
    A. 某银行运钞车在半路遭遇抢劫，损失500万元
    B. 办理抵押贷款时，为做成业务，银行在抵押手续尚未办理完全时即发放了贷款
    C. 银行员工王某联合无业人员张某，偷窃银行重要空白凭证
    D. 某商业银行不恰当解除劳动合同
47. 商业银行的零售存款通常被认为是（   ）。
    A. 来源集中，流动性风险低   B. 不稳定的负债，流动性风险高
    C. 比较稳定的负债，流动性风险低   D. 来源分散，流动性风险高
48. 下列风险都可能给商业银行造成经营困难，但导致商业银行破产的直接原因通常是（   ）。
    A. 流动性风险   B. 操作风险   C. 战略风险   D. 信用风险
49. 通常，以（   ）为主要资金来源的商业银行，其负债流动性的利率敏感度相对较低。
    A. 发行债券   B. 公司存款   C. 同业拆借   D. 居民储蓄
50. 借入流动性是商业银行降低流动性风险的"最具风险"的方法，原因在于，借入资金时商业银行不得不在资金成本和（   ）之间做出艰难选择。
    A. 流动性风险   B. 可获得性   C. 不可获性   D. 最终收益
51. 某商业银行当期在央行的超额准备金存款为43亿元，库存现金为11亿元。若该行当期各项存款为2138亿元，则该银行超额备付金率为（   ）。

  A. 2.76% B. 2.53% C. 2.98% D. 3.78%

52. 下列选项中，不属于政治风险的是（　　）。
  A. 财产征用 B. 政府更替 C. 洗钱 D. 政治冲突

53. 在国别风险的主要类型中，最主要的类型之一是（　　）。
  A. 主权风险 B. 传染风险 C. 政治风险 D. 转移风险

54. 下列选项中，关于国别风险的表述正确的是（　　）。
  A. 资产被国有化不会引发国别风险
  B. 国别风险仅存在于国际资本市场业务中
  C. 转移风险是国别风险的主要类型之一
  D. 在风险管理实践中，国别风险管理属于操作风险管理的范畴

55. 关于战略风险管理的基本做法，下列说法正确的是（　　）。
  A. 增强对客户的透明度
  B. 确保及时处理投诉和批评
  C. 明确董事会和高级管理层的责任
  D. 建立公平的奖惩机制，支持发展目标和股东价值的实现

56. 由商业银行经营、管理及其他行为或外部事件导致利益相关方对商业银行负面评价的风险是（　　）。
  A. 法律风险 B. 战略风险 C. 声誉风险 D. 操作风险

57. 下列选项中，关于声誉风险管理，叙述不正确的是（　　）。
  A. 保持与媒体的良好接触有助于改善商业银行声誉管理的操作实践
  B. 努力建设学习型组织不是声誉风险管理体系的内容之一
  C. 声誉风险通常与信用、市场、操作、流动性等风险交叉存在、相互作用
  D. 声誉危机管理规划给商业银行创造了价值

58. 下列选项中，不属于清晰的声誉风险管理流程的内容是（　　）。
  A. 外部审计 B. 声誉风险评估 C. 监测和报告 D. 声誉风险识别

59. 下列选项中，关于声誉风险与信用、市场、操作等风险关系的说法，正确的是（　　）。
  A. 相互独立、互不影响 B. 相互排斥、互不共存
  C. 交叉存在、互相作用 D. 没有关系

60. 声誉风险管理部门应当将收集到的声誉风险因素按照（　　）进行排序。
  A. 影响程度和紧迫性 B. 时间先后和重要程度
  C. 影响程度和时间先后 D. 时间先后和紧迫性

61. 处于声誉风险管理的第一线的部门是（　　）。
  A. 声誉风险管理部门 B. 声誉风险监测部门
  C. 声誉风险审计部门 D. 声誉风险评估部门

62. 客户被看做商业银行的核心资产，现在越来越多的商业银行将产品研发、未来发展计划向客户/公众告知，增强对客户/公众的透明度。这对声誉风险管理的意义是（　　）。

A. 增加客户对银行声誉风险管理的干预程度
B. 提高商业银行的声誉
C. 增加客户对商业银行声誉风险管理的了解程度
D. 广泛征求客户的意见，提早预知和防范新产品可能引发的声誉风险

63. 下列关于声誉危机管理规划的说法，正确的是（   ）。
    A. 危机管理应当采用"辩护或否认"的对抗策略
    B. 制定危机管理规划是声誉危机管理规划的主要内容之一
    C. 声誉危机管理需要技能、经验以及全面细致的危机管理规划，以便为商业银行在危机情况下保全甚至提高声誉提供行动指南
    D. 危机可能永远不会发生，所以声誉危机管理规划没有给商业银行创造附加价值

64. 下列选项中，关于战略风险，叙述正确的是（   ）。
    A. 短期的潜在风险   B. 短期的显性风险
    C. 长期的显性风险   D. 长期的潜在风险

65. 银行战略风险管理的主要作用是（   ）。
    A. 最大限度地避免经济损失，提高员工的业务熟练程度，提高银行知名度
    B. 提高银行的股东价值和银行知名度，保持银行的行业领先地位
    C. 最大限度地避免经济损失，持久维护和提高商业银行的声誉和股东价值
    D. 持久维护商业银行的声誉，提高员工的业务熟练程度，消除银行面临的市场风险

66. 下列关于商业银行反洗钱管理措施的表述，错误的是（   ）。
    A. 客户身份资料在业务关系结束后、客户交易信息在交易结束后，均应当至少保存五年
    B. 通过第三方识别客户身份的，如第三方未采取客户身份识别措施，由商业银行承担未履行客户身份识别业务的责任
    C. 商业银行的负责人应当对反洗钱内部控制制度的有效实施负责
    D. 商业银行在为客户提供一次性金融服务时，不需要客户出示身份证明文件

67. 下列关于商业银行压力测试的说法中最不恰当的一项是（   ）。
    A. 银行应根据经济形势变化，建立定期评估、更新压力测试方法的机制
    B. 压力测试仅适宜选择多因素压力变量，构建综合性的情景假设
    C. 银行所选择的压力测试应确保所设计情景能有效传导至各类实质风险
    D. 银行应合理设计轻度、中度、重度等不同严重程度的压力情景

68. 计量市场风险时，计量 VaR 值时通常需要采用压力测试进行补充，因为（   ）。
    A. VaR 值只在 99% 的置信区间内有效
    B. 压力测试提供一般市场情形下精确的损失水平
    C. 压力测试通常计量正常市场情况下所能承受的风险损失
    D. VaR 值反映一定置信区间内的最大损失，但没有说明极端损失

69. 下列关于商业银行内部资本充足评估报告的表述，错误的是（   ）。
    A. 报告应评估银行实际持有的资本是否足以抵御主要风险

B. 监管机构认为银行的内部资本充足评估程序符合监管要求时，可基于银行自行评估的内部资源水平来确定监管资本要求
C. 监管机构在银行提交评估报告后，不需要再对银行内部资本充足评估程序进行检查
D. 报告可以作为内部完善风险管理体系和控制机制的重要参考文件

70. 根据《商业银行资本管理办法（试行）》的规定，商业银行在资本规划中，应优先考虑补充（   ）。
    A. 其他一级资本   B. 核心一级资本   C. 储备资本   D. 二级资本

71. 商业银行进行风险加总，若考虑风险分散化效应，应基于（   ）实证数据，且数据观察期至少覆盖（   ）完整的经济周期。
    A. 长期；两个   B. 短期；一个   C. 长期；一个   D. 短期；两个

72. 根据我国银监会制定的《商业银行风险监管核心指标》，资产收益率的计算公式是（   ）。
    A. 资产收益率 = 税后净利润/资本金总额
    B. 资产收益率 = 税后净收入/资本金总额
    C. 资产收益率 = 税后净利润/平均资本金总额
    D. 资产收益率 = 税后净收入/资产总额

73. 下列指标的计算公式中，表示正确的是（   ）。
    A. 资本金收益率 = 税后净收入/资产总额
    B. 资产收益率 = 税后净收入/资本金总额
    C. 净业务收益率 =（营业收入 – 营业支出）/资产总额
    D. 非利息收入率 =（非利息收入 – 非利息支出）/（营业收入 – 营业支出）

74. 下列选项中，关于风险监管的内容的表述，错误的是（   ）。
    A. 监管部门对管理信息系统有效性的评判可用质量、数量、及时性来衡量
    B. 监管部门对商业银行人力资源状况的监管包括对技术管理人员实施任职资格审核和对商业银行人事政策和管理程序进行评估
    C. 监管部门高度关注银行类金融机构所面临的风险状况，包括行业整体风险状况、区域风险状况和银行机构自身的风险状况
    D. 银行机构风险状况包括其单一分支机构的风险水平

75. 下列关于风险监管的说法，错误的是（   ）。
    A. 监管部门所关注的风险状况包括行业整体风险状况、区域风险状况和银行机构自身的风险状况
    B. 按照诱发风险的原因，通常可将风险分为信用风险、市场风险、操作风险、流动性风险、国家风险、声誉风险、法律风险以及战略风险八大类
    C. 银行监管部门通过现场检查和非现场监管等手段，对银行机构风险状况进行全面评估和监控
    D. 银行机构风险状况不包括分支机构的风险水平

76. 某商业银行目前的资本金为40亿元，信用风险加权资产为100亿元，根据《商业

银行资本充足率管理办法》，如果要使资本充足率为8%，则市场风险资本要求为（　　）亿元。
   A. 12　　　　　　B. 16　　　　　　C. 24　　　　　　D. 32

77. 下列关于市场准入的说法，错误的是（　　）。
   A. 机构准入是指依据法定标准，批准银行机构法人或其分支机构的设立
   B. 市场准入是指监管部门采取行政许可手段审查、批准市场主体可以进入某一领域并从事相关活动的机制
   C. 业务准入是指按照盈利性原则，批准银行机构的业务范围和开办新的业务品种
   D. 高级管理人员的准入，是指对银行机构高级管理人员任职资格的核准或认可

78. 市场准入应遵循的原则不包括（　　）。
   A. 效益　　　　　B. 便民　　　　　C. 公开　　　　　D. 效率

79. 下列各项中，关于我国对资本充足率要求的说法错误的是（　　）。
   A. 监管部门将商业银行分为一、二、三、四类，其中对一、二类银行主要实行强制性的监管干预措施
   B. 资本充足率＝（总资本－对应资本扣减项）/（信用风险加权资产＋12.5×市场风险资本要求＋操作风险资本要求）
   C. 根据《商业银行资本管理办法（试行）》，我国商业银行资本信息披露包括资本充足率的计算方法
   D. 一级资本充足率＝（一级资本－对应资本扣减项）/（信用风险加权资产＋12.5×市场风险资本要求＋操作风险资本要求）

80. 下列关于监督检查的说法，错误的是（　　）。
   A. 非现场监管和现场检查两种方式相互补充，互为依据，在监管活动中发挥着不同的作用
   B. 通过非现场监管系统收集到全面、可靠和及时的信息，这将大大减少现场检查的工作量
   C. 通过现场检查可修正非现场监管的结果
   D. 非现场监管结果将提高现场检查的质量

二、多项选择题（共20题，每小题2分，共40分。以下备选项中至少有两项或两项以上符合题目要求，不选、错选均不得分）

1. 如果房地产市场发展过热，一方面居民大量存款买房，另一方面大量房地产企业和个人向银行借款，这种情况下，当房地产市场严重下跌，大量个人住房贷款无法偿还，房地产企业也由于倒闭而无力偿还贷款，这时商业银行所面临的主要风险包括（　　）。
   A. 操作风险　　　　　　　　　　B. 市场风险
   C. 流动性风险　　　　　　　　　D. 国家风险
   E. 信用风险

2. 关于商业银行风险、收益与损失之间的关系，下列描述正确的有（　　）。

A. 损失是一个事后概念，是指已经真实发生的账面损失

B. 承担高风险一定会带来高收益

C. 某项业务的预期损失较高反映了该业务的不确定性或风险较高

D. 通常情况下，当期收益较高的业务所承担的风险也相对较高

E. 风险是一个事前概念，是指在一定条件下可能遭受的损失

3. 在商业银行风险管理"三道防线"中，属于第二道防线的是（   ）。

A. 风险管理部门　　　　　　　　　　B. 监察稽核部门

C. 公司业务部门　　　　　　　　　　D. 合规部门

E. 内部审计部门

4. 商业银行对内部评级体系验证的内容应包括（   ）。

A. 内部评级模型的验证　　　　　　　B. 内部评级信息系统的验证

C. 内部评级数据的验证　　　　　　　D. 内部评级政策的验证

E. 内部评级流程的验证

5. 商业银行通常可以采用下列哪些手段管理信用风险？（   ）

A. 配置经济资本　　　　　　　　　　B. 加强信贷审批

C. 加强贷后管理　　　　　　　　　　D. 资产证券化及信用衍生产品

E. 限额管理

6. 其他条件不变的情况下，当商业银行资产负债久期缺口为正时，下列关于市场利率与银行整体价值变化的描述，正确的有（   ）。

A. 市场利率上升，银行整体价值增加　　B. 市场利率不变，银行整体价值不变

C. 市场利率上升，银行整体价值减少　　D. 市场利率下降，银行整体价值减少

E. 市场利率下降，银行整体价值增加

7. 下列对市场风险内部模型法资本计量公式 $K = \text{Max}(VaR_{t-1}, m_c \times VaR_{avg}) + \text{Max}(sVaR_{t-1}, m_s \times sVaR_{avg})$ 的表述正确的有（   ）。

A. $sVaR_{t-1}$ 为根据内部模型计量的上一交易日的压力风险价值

B. VaR_{t-1} 为根据内部模型计量的季末风险价值

C. 最低市场风险资本要求为最近60个交易日压力风险价值的均值 $sVaR_{avg}$ 乘以 m_s，m_s 固定为3

D. 最低市场风险资本要求为一般风险价值及压力风险价值之和

E. 最低市场风险资本要求为最近60个交易日风险价值的均值乘以 m_c，m_c 最小为3

8. 商业银行采用操作风险标准法计算监管资本时，将所有业务分为八个业务线，操作风险对应的资本要求系数（以卢表示）不同，监管规定的卢值包括（   ）。

A. 20%　　　　　　　　　　　　　　B. 15%

C. 18%　　　　　　　　　　　　　　D. 10%

E. 12%

9. 对于可缓释的操作风险，商业银行可以采取的管理措施有（   ）。

A. 制定应急和连续营业方案　　　　　B. 外包非核心业务

C. 设定风险限额　　　　　　　　　　D. 购买商业保险

E. 计提经济资本

10. 下列影响商业银行资产负债期限结构的情形有（　　）。
    A. 贷款偿还
    B. 每日客户存取款
    C. 贷款发放
    D. 资金交易
    E. 基准利率变化

11. 在其他条件不变的情况下，某大型国有商业银行的下列做法中，通常有助于降低该行流动性风险的做法有（　　）。
    A. 将授信投放集中于房地产行业
    B. 积极争揽中型、小型企业存款
    C. 以大型企业的大额资金作为负债的主要来源
    D. 以个人客户资金作为负债的主要来源
    E. 在客户种类和资金到期日上适当均衡分布

12. 下列选项中，属于国别风险的是（　　）。
    A. 经济风险
    B. 信用风险
    C. 政治风险
    D. 操作风险
    E. 货币风险

13. 下列有助于改善商业银行声誉风险管理状况的措施包括（　　）。
    A. 及时处理投诉和批评
    B. 对所有已识别风险一视同仁、集中处理
    C. 增加对客户、公众的透明度
    D. 与媒体保持良好接触
    E. 制定危机管理应急计划

14. 下列对商业银行声誉风险管理的表述，正确的有（　　）。
    A. 商业银行面临的几乎所有风险和不确定因素都可能危及自身声誉
    B. 所有员工都应当深入理解价值理念，恪守内部流程，减少可能造成声誉风险的因素
    C. 有效的声誉风险管理是有资质的管理人员、高效的风险管理流程和现代信息技术的综合能力体现
    D. 声誉风险是一种多维的风险，具有非常明显的系统性风险特征
    E. 声誉风险可以通过历史模拟法进行计量和监测

15. 新产品/业务风险的管理原则包括（　　）。
    A. 全面性
    B. 公开性
    C. 统一性
    D. 时效性
    E. 统筹性

16. 商业银行进行资本充足率压力测试应覆盖全行范围内的实质性风险，主要包括（　　）。
    A. 信用风险
    B. 银行账户利率风险
    C. 集中度风险
    D. 市场风险

E. 操作风险

17. 《商业银行资本管理办法（试行）》规定，商业银行内部资本充足评估程序应实现的目标包括（　　）。
    A. 确保资本规划与银行经营状况、风险变化趋势及长期发展战略相匹配
    B. 确保资本水平与风险偏好及风险管理水平相适应
    C. 确保商业银行的主要风险能够被预测
    D. 确保监管部门有效监管商业银行面临的主要风险
    E. 确保主要风险得到识别、计量或评估、监测和报告

18. 国际银行业开展风险评估的基本原则包括（　　）。
    A. 符合银行实际　　　　　　　B. 符合监管要求
    C. 符合存款者要求　　　　　　D. 保证一定的前瞻性
    E. 采用先进技术指标

19. 下列属于监管当局对银行机构进行现场检查的重点内容有（　　）。
    A. 风险状况和资本充足性　　　B. 管理水平和内部控制
    C. 流动性　　　　　　　　　　D. 资产质量
    E. 市场风险敏感度

20. 银行监管中，采取市场准入的主要目的有（　　）。
    A. 防止海外游资流入国内银行系统　　B. 维护国有商业银行的利益
    C. 保护存款者的利益　　　　　　　　D. 维护银行市场秩序
    E. 保证注册银行具有良好的品质，预防不稳定机构进入银行体系

三、案例题（本题共20分）

案例一

风险事件： 为增强交易对手信用风险资本监管的有效性，推动商业银行提升衍生工具风险管理能力，银监会于2016年11月28日对外公布《衍生工具交易对手违约风险资产计量规则（征求意见稿）》，要求商业银行将交易对手信用风险管理纳入全面风险管理框架。

相关背景： 近些来，随着金融市场的发展，我国商业银行衍生工具交易业务快速增长。为了增强交易对手信用风险资本监管的有效性，推动商业银行提升衍生工具风险管理能力，根据2014年3月巴塞尔委员会发布的《交易对手信用风险计量的标准方法》，银监会起草了《衍生工具交易对手违约风险资产计量规则（征求意见稿）》（以下简称《规则》）。《规则》借鉴国际经验并结合我国银行业实际，提高衍生工具资本计量的风险敏感性。《规则》重新梳理了衍生工具资本计量的基础定义及计算步骤，明确了净额结算组合、资产类别和抵消组合的确定方法，分别规定了不同保证金安排情况下风险暴露的计量公式。《规则》包括正文和附件两部分。正文共10条，要求商业银行将交易对手信用风险管理纳入全面风险管理框架，建立健全衍生产品风险治理的政策流程，强化信息系统和基础设施，提高数据收集和存储能力，保证衍生工具估值和资本计量的审慎性。附件规定了重置成本和潜在风险暴露的计算方法及流程，并且明确了违约风险暴露的加总方式。

根据上述案例描述，回答下列6小题。

1. 区别于传统的信用风险，交易对手信用风险的特性包括（　　）。（多项选择题，2分）

    A. 当合约价值为负时，己方可能违约，交易对手承担违约风险
    B. 当合约价值为正时，己方可能违约，交易对手承担违约风险
    C. 当合约价值为正时，交易对手可能违约，己方存在交易对手风险
    D. 当合约价值为负时，交易对手可能违约，己方存在交易对手风险
    E. 在违约时点上，交易对手的实际风险暴露存在不确定性

2. 下列选项中，不属于交易对手信用风险计量的是（　　）。（单项选择题，1分）

    A. 交易对手信用风险暴露数据
    B. 对交易对手信用风险的定价
    C. 交易对手信用风险暴露的计量
    D. 交易对手违约风险加权资产和信用估值调整风险加权资产的计量

3. 关于交易对手信用风险，下列说法中错误的是（　　）。（单项选择题，1分）

    A. 计量交易对手信用风险加权资产前，需要先获得交易对手信用风险暴露数据
    B. 交易所交易的衍生产品存在交易对手信用风险
    C. 场外衍生品交易指的是在交易所以外的市场进行的金融衍生品交易
    D. 交易对手信用风险是指由于交易对手在交易最终结算前违约而造成经济损失的风险

4. 交易对手信用风险的来源包括（　　）。（多项选择题，2分）

    A. CDS
    B. 利率掉期
    C. 逆回购
    D. 证券借贷
    E. 即期外汇买卖

5. 下列关于交易对手信用风险暴露的计量，表述错误的是（　　）。（单项选择题，2分）

    A. 在标准法下，每一笔交易的风险暴露将映射至其含有的风险因素中
    B. 较常用的计量交易对手信用风险暴露的方法有现期风险暴露法、标准法和内部模型法
    C. 现期风险暴露法和标准法均适用于场外衍生工具交易违约风险暴露的计量
    D. 对于不满足利用标准法，但希望提高风险敏感度（相对现期风险暴露法）的银行，可以采用内部模型法

6. 下列加强交易对手信用风险管理的方法中，正确的有（　　）。（多项选择题，2分）

    A. 在未来管理中，加强对信用估值调整（CVA）和错向风险的识别和管理
    B. 在管理架构上，成立专门的部门负责交易对手信用风险管理，形成风险流程管理
    C. 在管理手段上，改进交易对手信用风险计量水平，开发交易对手信用风险计量系统
    D. 在管理制度中，重视抵押协议和保证金协议，完善中央交易对手与净额结算制度
    E. 在管理理念上，将交易对手信用风险作为独立的风险类型加以管理

案例二

风险事件：2014年4月3日，经中国银监会核准，中国工商银行（以下称"工行"）正式获准实施资本管理高级方法。作为全球系统重要性银行，工行积极实施资本管理高级方法，学习借鉴国际先进经验，用更高的标准要求自己，不断提高风险管理能力，将工行打造成能够抵御住各种风险冲击的"百年老店"。

相关背景：股改上市以来，面对国际金融危机和国内经济转型的挑战，工行积极探索，在各项业务保持持续发展的同时，控制住了风险。一是管好战略风险。通过实施国际化战略、"大零售、大资管、信息化银行"战略，实现了风险的分散化与盈利的多元化。二是确立稳健的风险文化。制定了本行的风险偏好，正确处理长、短期利益关系，形成了合规、严谨、稳健的风险文化。三是建立完善的风险治理构架。从集团层面做到了各类风险的统一管理，使全行资产组合的布局更加合理。四是建立科学的风险计量与监控体系。通过实施资本管理高级方法，利用大数据和系统手段，实现了对风险的科学化、精细化管理。经济进入新常态后，银行面临资产质量劣变的压力，工行通过实施内部评级法，抓转型、促应用，不断完善风险管理的精细化、前瞻性手段，积极应对新的形势与挑战。工行充分发挥自身的信息科技优势和信贷管理经验，在2014年成立了业内首个专业化信用风险监控机构——信用风险监控中心。该中心集信用风险的分析、监测、预警、管控一体化，以大数据分析技术为手段，确立了分析建模、实时监测、风险预警、核查管控、跟踪督办、反馈优化及考核评价的信用风险监控工作流程，实时开展融资客户、融资产品、信贷机构及信贷人员风险的监测预警及跟踪管控，并且实现了监控工作的系统化运行，有效增强了工行信用风险管理的及时性和前瞻性，促进了全行信贷经营管理水平的提升。在风险监测预警方面，工商银行在有效整合和深入挖掘行内外数据信息的基础上，分析融资客户风险变化规律，研发并投产了一系列信用风险监控预警模型，构建了覆盖信贷投放、资产质量、日常运营以及基础管理等多维度的信用风险日常监测指标体系，有效监测信贷与代理投资业务运行情况，及时揭示和管控业务风险。同时，加强了对内外部形势的深入分析和提前预判，针对风险隐患相对较大的重点风险领域开展专项分析和治理，为有效防范系统性风险发挥了积极作用。

根据上述案例描述，回答下列6小题。

7. 工行作为全球系统重要性银行，下列对其资本监管的要求，错误的是（　　）。（单项选择题，1分）

   A. 2.5%的储备资本要求和0~2.5%的逆周期资本要求

   B. 最低资本要求方面，核心一级资本充足率、一级资本充足率和资本充足率分别为5%、6%和8%

   C. 工行作为全球系统重要性银行，其资本充足率不得低于11.5%

   D. 附加资本要求为2%

8. 工行在各项业务保持持续发展的同时，对战略风险进行了很好的管理。下列选项中，对商业银行战略风险管理的表述，不恰当的是（　　）。（单项选择题，1分）

   A. 银行正确识别来自于内、外部的战略风险，有助于经营管理从被动防守转变为主动出击

   B. 战略风险可通过技术性的风险参数对其进行量化

C. 有效的战略风险管理应当定期全面评估商业银行的愿景、短期目的以及长期目标

D. 金融机构"重前台、轻后台"的发展模式很容易积聚战略风险

9. 工商银行成立了业内首个专业化信用风险监控机构——信用风险监控中心，以便更好地对信用风险进行监控。有效的信用监测体系应实现的目标包括（　　）。（多项选择题，2分）

A. 识别贷款组合的信用风险

B. 识别借款人违约情况，并及时对风险上升的授信进行分类

C. 监测对合同条款的遵守情况

D. 评估抵（质）押物相对债务人当前状况的抵补程度以及抵（质）押物价值的变动趋势

E. 对已造成信用风险损失的授信对象或项目，可迅速进入补救和管理程序

10. 工行在快速发展中形成了合规、严谨、稳健的风险文化。风险文化是商业银行在经营管理活动中逐步形成的（　　）。（多项选择题，2分）

A. 风险管理理念　　　　　　　　B. 公司治理原则

C. 内部控制体系　　　　　　　　D. 哲学

E. 价值观

11. 在风险监测预警方面，工行研发并投产了一系列信用风险监控预警模型，构建了覆盖信贷投放、资产质量、日常运营及基础管理等多维度的信用风险日常监测指标体系。其中，不需要进行风险预警的内容是（　　）。（单项选择题，2分）

A. 适应有关客户信用风险监测的预警管理

B. 适应法律法规调整变动的风险预警管理

C. 适应监管底线的风险预警管理

D. 适应本行内部信用风险执行效果的预警管理

12. 工行股改上市以来，建立了科学的风险计量与监控体系。下列对商业银行风险计量的理解，正确的是（　　）。（多项选择题，2分）

A. 风险模型应当能够真实反映商业银行的风险状况

B. 风险模型开发所采用的数据源应当具有高度的真实性、准确性和充足性

C. 应确保所开发的风险模型准确并长期有效

D. 深刻理解不同风险计量方法的优缺点，采用多种分析手段相互补充

E. 所采用的风险计量方法/模型越高级，计量出来的风险越准确

模拟试卷（二）参考答案及解析

一、单项选择题

1. 【答案】　B

【解析】若随机变量 X 的概率密度函数为：$f(x) = \dfrac{1}{\sqrt{2\pi}\sigma} e^{-\frac{1}{2}\left(\frac{x-\mu}{\sigma}\right)^2}(-\infty < x < +\infty)$，则称 X 服从参数为 μ, σ 的正态分布，记为 $N(\mu, \sigma^2)$，μ 是正态分布的均值，σ^2 是方差。

$P(\mu-2\sigma<X<\mu+2\sigma)\approx95\%$，表示正态随机变量 X 有 95% 的可能落在均值左右两个标准差之间。该题英镑兑美元的汇率有 95%，的可能性处于 1.59~1.69 美元之间。

2.【答案】　C

【解析】信用风险是指债务人或交易对手未能履行合同规定的义务或信用质量发生变化，影响金融产品价值，从而给债权人或金融产品持有人造成经济损失的风险。该企业的评级下降会使与该企业发生业务往来的商业银行所面临的信用风险增加。

3.【答案】　C

【解析】风险分散是指通过多样化投资分散并降低风险的策略性选择。根据多样化投资分散风险的原理，商业银行信贷业务应是全方位、多种类的，而不应集中于同一业务、同一性质甚至同一个借款人。

4.【答案】　A

【解析】内部流程因素引起的操作风险是指由于商业银行流程不健全、流程执行失败、控制和报告不力、文件或合同缺陷、担保品管理不当、产品服务缺陷、泄密、与客户纠纷等造成损失的风险。银行未严格执行"先落实抵押手续、后放款"的规定，属于该商业银行流程执行失败。

5.【答案】　A

【解析】选项A，对于不擅长且不愿承担风险的业务，商业银行对其配置非常有限的经济资本，并设立非常有限的风险容忍度，迫使业务部门降低该业务的风险暴露，甚至完全退出该业务领域。

6.【答案】　A

【解析】风险规避是指商业银行拒绝或退出某一业务或市场，以避免承担该业务或市场风险的策略性选择。在现代商业银行风险管理实践中，风险规避可以通过限制某些业务的经济资本配置实现。

7.【答案】　A

【解析】选项A，流动性风险的产生除了因为商业银行的流动性计划不完善之外，信用、市场、操作等风险领域的管理缺陷同样会导致商业银行流动性不足，甚至引发风险扩散，造成整个金融系统出现流动性困难。

8.【答案】　A

【解析】风险通常采用损失的可能性以及潜在的损失规模来计量。选项A，估计贷款违约后的损失金额=2000×（1-40%）=1200（万元）；选项B，可能产生的最大损失为1000万元；选项C，可能产生的最大损失为1100万元；选项D，估计贷款违约后的损失金额=2200×（1-50%）=1100（万元）。由此可见，选项A的贷款风险最大。

9.【答案】　A

【解析】操作风险是指由不完善或有问题的内部程序、员工、信息科技系统以及外部事件所造成损失的风险。选项A属于商业银行代理业务中面临的市场风险。

10.【答案】　B

【解析】内部流程因素引起的操作风险是指由于商业银行流程不健全、流程执行失败、控制和报告不力、文件或合同缺陷、担保品管理不当、产品服务缺陷、泄密、与客户纠纷等所造成损失的风险。

11. 【答案】 A

【解析】选项 A，风险管理职能应与业务部门之间保持充分独立，并且不得参与产生收入的经营活动。这种独立性是有效风险管理职能的一个重要组成部分。

12. 【答案】 A

【解析】风险管理部门在高管层（首席风险官）的领导下，负责建设完善包括风险管理政策制度、工具方法、信息系统等在内的风险管理体系，组织开展各项风险管理工作，对银行承担的风险进行识别、计量、监测、控制、缓释以及提供风险敞口的报告，促进银行稳健经营、持续发展。选项 A，商业银行董事会作为决策机构负责制定商业银行经营战略。

13. 【答案】 A

【解析】在风险管理方面，董事会对商业银行风险管理承担最终责任，负责风险偏好等重大风险管理事项的审议、审批，对银行承担风险的整体情况和风险管理体系的有效性进行监督。

14. 【答案】 B

【解析】在现代公司治理机制下，企业所有权与经营权分离，董事会受托于公司股东，成为银行公司治理结构的重要组成部分。商业银行董事会应当根据银行风险状况、发展规模和速度，建立全面的风险管理战略、政策和程序，判断银行面临的主要风险，确定适当的风险容忍度和风险偏好，督促高级管理层有效地识别、计量、监测、控制并及时处置商业银行面临的各种风险。

15. 【答案】 A

【解析】选项 A，在风险管理方面，董事会对商业银行风险管理承担最终责任，负责风险偏好等重大风险管理事项的审议、审批，对银行承担风险的整体情况和风险管理体系的有效性进行监督。

16. 【答案】 D

【解析】经济资本是在给定置信水平下，银行用来抵御非预期损失的资本量，与银行风险的非预期损失额相等的资本。经济资本不是真正的银行资本，它是"算"出来的，在数额上与非预期损失相等。置信水平越高，经济资本对损失的覆盖程度越高，其数额也越大。

17. 【答案】 A

【解析】不同信用等级的客户违约风险随信用等级的下降而呈加速上升的趋势。客户的违约频率越高，其信用等级越低，两者呈负相关。

18. 【答案】 A

【解析】贷款最低定价 =（资金成本 + 经营成本 + 风险成本 + 资本成本）/贷款额，其中，资金成本包括债务成本和股权成本；经营成本包括日常管理成本和税收成本；风险成本指预期损失，预期损失 = 违约概率×违约风险暴露×违约损失率；资本成本主要是指用来覆盖该笔贷款的信用风险所需经济资本的成本，在数值上等于经济资本与股东最低资本回报率的乘积。

19. 【答案】 D

【解析】权重法下信用风险加权资产为银行账户表内资产信用风险加权资产与表外项目

信用风险加权资产之和。在计量各类表内资产的风险加权资产时，应该首先从资产账面价值中扣除相应的减值准备，然后乘以各自的风险权重。在计量各类表外项目的风险加权资产的时候，应该将表外项目名义金额乘以信用转换系数得到等值的表内资产，再按表内资产的处理方式计量风险加权资产。因此该商业银行计量的信用卡风险加权资产量最可能的是 50 × 75% + 200 × 20% × 75% = 67.5（亿元）。

20．【答案】 C

【解析】贷款可分为正常、关注、次级、可疑和损失五类，后三类合称为不良贷款。该商业银行期末的损失类贷款数量 = 500 × 0 + 40 × 0 + 20 × 5% + 10 × 20% = 3（亿）。期末的可疑类贷款数量 = 500 × 0 + 40 × 50% + 20 × 10% + 10 × 70% = 11（亿）。期末的次级类贷款数量 = 500 × 0 + 40 × 10% + 20 × 80% + 10 × 10% = 21（亿）。则该商业银行当期期末的不良贷款余额：3 + 11 + 21 = 35（亿）。

21．【答案】 D

【解析】每一项风险资产的预期损失计算公式为：预期损失（EL）= 违约概率（PD）× 违约风险暴露（EAD）× 违约损失率（LGD）。其中，违约损失率 = 1 − 违约回收率。则该笔贷款的预期损失 = 2.5% × 100 × (1 − 40%) = 1.5（万），非预期损失 = 10 − 1.5 = 8.5（万）。

22．【答案】 C

【解析】商业银行采用初级内部评级法，除回购类交易有效期限是 0.5 年外，其他非零售风险暴露的有效期限为 2.5 年。商业银行采用高级内部评级法，应将有效期限视为独立的风险因素。在其他条件相同的情况下，债项的有效期限越短，信用风险就越小。

23．【答案】 C

【解析】根据每一个监管类别对应的特定风险权重，计算风险加权资产。各类的风险权重具体为：（1）监管类别"优"，风险权重为 70%；（2）监管类别"良"，风险权重为 90%；（3）监管类别"中"，风险权重为 115%；（4）监管类别"差"，风险权重为 250%；（5）监管类别"违约"，风险权重为 0%。

24．【答案】 A

【解析】违约概率是指借款人在未来一定时期内发生违约的可能性，违约频率是指通常所称的违约率。违约概率是分析模型作出的事前预测，违约频率是事后检验的结果。题中 3% 是对第一年选定的 100 个客户进行观测后计算得到的，即为事后检验的结果，属于违约频率。

25．【答案】 D

【解析】选项 A，银行应根据本行内部评级体系和风险参数量化的特点，采取基准测试、返回检验等不同的验证方法；选项 B，内部评级体系的验证应评估内部评级和风险参数量化的准确性、稳定性和审慎性；选项 C，验证是银行优化内部评级体系的重要手段，也是监管当局衡量银行内部评级体系是否符合监管要求的重要方式。

26．【答案】 A

【解析】违约风险暴露是指债务人违约时预期表内项目和表外项目的风险暴露总额，包括已使用的授信余额、应收未收利息、未使用授信额度的预期提取数量以及可能发生的相关费用等。

27. 【答案】 B

【解析】缺口分析只考虑了由于重新定价期限的不同而带来的利率风险（即重新定价风险），而未考虑当利率水平变化时，各种金融产品因基准利率的调整幅度不同产生的利率风险（即基准风险）。同时，缺口分析也未考虑因利率环境改变而引起的支付时间的变化，例如忽略了具有期权性风险的头寸在收入方面的变化。

28. 【答案】 B

【解析】当某一时段内的负债大于资产（包括表外业务头寸）时，就产生了负缺口，即负债敏感型缺口，此时，市场利率上升会导致银行的净利息收入下降。

29. 【答案】 A

【解析】Ⅰ项，方差－协方差法是所有计算 VaR 的方法中最简单的，只反映了风险因素对整个组合的一阶线性和二阶线性影响，无法反映高阶非线性特征，该方法是局部估值法。期权属于非线性金融工具，其风险无法用方差－协方差法来准确计量。Ⅲ项，蒙特卡罗模拟法对于基础风险因素仍然有一定的假设，存在一定的模型风险。

30. 【答案】 A

【解析】市场风险压力测试是一种定性与定量结合、以定量为主的风险分析方法，通过测算面临市场风险的投资组合在特定小概率事件等极端不利情况下可能发生的损失，分析这些损失对盈利能力和资本金带来的负面影响，进而对所持投资组合的脆弱性作出评估和判断，并采取必要的措施，以规避市场风险。

31. 【答案】 C

【解析】商业银行的金融工具和商品头寸可划分为银行账户和交易账户两大类。交易账户包括为交易目的或对冲交易账户其他项目的风险而持有的金融工具和商品头寸。为交易目的而持有的头寸是指短期内有目的地持有以便出售，或从实际或预期的短期价格波动中获利，或锁定套利的头寸，包括自营业务、做市业务和为执行客户买卖委托的代客业务而持有的头寸。除交易账户之外的其他表内外业务划入银行账户。明显不列入交易账户的头寸一般包括：（1）为对冲银行账户风险而持有的衍生工具头寸；（2）向客户提供结构性投资和理财产品且进行了完全对冲的衍生产品。

32. 【答案】 B

【解析】根据《商业银行资本管理办法（试行）》的规定，商业银行可以采用标准法或内部模型法计量市场风险资本要求。

33. 【答案】 B

【解析】收益率曲线用于描述收益率与到期期限之间的关系。收益率曲线的形状反映了长短期收益率之间的关系，它是市场对当前经济状况的判断，以及对未来经济走势预期（包括经济增长、通货膨胀、资本回报等）的结果。反向收益率曲线，表明在某一时点上，投资期限越长，收益率越低。当资金紧张导致供需不平衡时，可能出现期限短的收益率高于期限长的收益率的反向收益率曲线。

34. 【答案】 C

【解析】重新定价风险也称期限错配风险，源于银行资产、负债和表外业务到期期限

（就固定利率而言）或重新定价期限（就浮动利率而言）之间所存在的差异。选项 A，该笔欧元贷款为可提前偿还的贷款，包含期权性条款，故面临期权性风险；选项 B，该存款按照美国国库券利率每半年定价一次，贷款按照伦敦同业拆借市场利率每半年定价一次，存贷款定价的基准利率不一致，故面临基准风险；选项 D，该银行用美元存款作为欧元贷款的融资来源，存贷币种不一致，故面临汇率风险。

35.【答案】　B

【解析】选项 A，资金成本属于机会成本，不可用于比较利率风险；选项 C，浮动利率债券参照 3 个月 LIBOR，可能存在基准风险；选项 D，资产以固定利率为主，负债以浮动利率为主，则利率上升使得在利息收入不变的情况下利息支出增加，这将减少收益。

36.【答案】　C

【解析】与缺口分析相比较，久期分析是一种更为先进的利率风险计量方法。缺口分析侧重于计量利率变动对银行短期收益的影响，而久期分析则能计量利率风险对银行整体经济价值的影响，即估算利率变动对所有头寸的未来现金流现值的影响，从而对利率变动的长期影响进行评估，并且更为准确地计量利率风险敞口。

37.【答案】　D

【解析】从风险实质性上说，业务操作或服务虽然可以外包，但其最终责任并未被"包"出去。商业银行仍然是外包过程中出现的操作风险的最终责任人，对客户和监管者承担着保证服务质量、安全、透明度和管理汇报的责任。

38.【答案】　B

【解析】对于火灾、抢劫、高管欺诈等操作风险，商业银行往往很难规避和降低，甚至有些无能为力，但可以通过制定业务连续性管理计划、商业保险和业务外包等方式将风险转移或缓释。选项 A、D 是可规避的操作风险的应对措施；选项 C 是可降低的操作风险的应对措施。

39.【答案】　B

【解析】风险对冲对管理市场风险（利率风险、汇率风险、股票风险和商品风险）非常有效，可以分为自我对冲和市场对冲两种情况。而操作风险是指由不完善或有问题的内部程序、员工、信息科技系统以及外部事件所造成损失的风险。操作风险一般通过购买保险等缓释风险，而不能采用风险对冲策略进行管理。

40.【答案】　C

【解析】操作风险是指由不完善或有问题的内部程序、员工、信息科技系统以及外部事件所造成损失的风险，包括法律风险，但不包括声誉风险和战略风险。操作风险可分为人员因素、内部流程、系统缺陷和外部事件四大类别，其中，外部事件方面表现为外部欺诈、自然灾害、交通事故、外包商不履责等。

41.【答案】　A

【解析】商业银行的业务条线可划分为：公司金融、交易和销售、零售银行、商业银行、支付和结算、代理服务、资产管理、零售经纪。选项 A 属于中央银行进行宏观调控的三大货币政策工具（法定存款准备金率、再贴现、公开市场业务）之一。

42.【答案】　D

【解析】商业银行的操作风险可按人员因素、内部流程、系统缺陷和外部事件四大类别分类。选项 A 属于内部流程；选项 B 属于系统缺陷；选项 C 属于人员因素。

43. 【答案】 C

【解析】在代理业务中，由于人员因素引起的操作风险违规事项主要包括：（1）业务人员贪污或截留手续费，不进入大账核算；（2）内外勾结编造虚假代理业务合同骗取手续费收入；（3）未经授权或超过权限擅自进行交易；（4）内部人员盗窃客户资料谋取私利等。

44. 【答案】 B

【解析】商业银行的操作风险可按人员因素、内部流程、系统缺陷和外部事件四大类别分类。其中，内部流程引起的操作风险主要包括流程不健全、流程执行失败、控制和报告不力、文件或合同缺陷、担保品管理不当、产品服务缺陷、泄密、与客户纠纷等。其中，文件或合同缺陷主要表现为抵押权证、房产证丢失等。

45. 【答案】 D

【解析】选项 D 属于产品服务缺陷。

46. 【答案】 B

【解析】选项 A 属于由于外部事件而引发的操作风险；选项 C、D 属于由于人员因素而引发的操作风险。

47. 【答案】 C

【解析】零售客户对商业银行的风险状况和利率水平缺乏敏感度，其存款意愿通常取决于自身的金融知识和经验、银行的地理位置、产品种类、服务质量等敏感性因素。因此，从商业银行融资流动性的角度来看，零售存款相对稳定，通常被看作是核心存款的重要组成部分。此外，零售存款的来源通常是比较分散的。

48. 【答案】 A

【解析】流动性风险是银行所有风险中最具破坏力的风险。几乎所有摧毁银行的风险都是以流动性风险爆发来为银行画上句号的。流动性风险堪称银行风险中的"终结者"。

49. 【答案】 D

【解析】从商业银行融资流动性的角度来看，零售存款相对稳定，通常被看作是核心存款的重要组成部分。选项 B，公司/机构存款对商业银行的风险状况和利率水平高度敏感，通常不够稳定，很容易对商业银行的流动性造成较大影响；选项 A、C，零售性质的资金（例如居民储蓄）相比批发性质的资金（例如同业拆借、发行票据）具有更高的稳定性，因为其资金来源相对更加分散，同质性更低。

50. 【答案】 B

【解析】在实践操作中，必须清醒地认识到，借入流动性是商业银行降低流动性风险的"最具风险"的方法，因为商业银行在借入资金时，不得不在资金成本和可获得性之间作出艰难的选择。商业银行通常选择在真正需要资金的时候借入资金。

51. 【答案】 B

【解析】根据公式可得，人民币超额备付金率 =（在中国人民银行的超额准备金存款 + 库存现金）/各项存款 × 100% = （43 + 11）/2138 × 100% = −2.53%。

52. 【答案】 C

【解析】政治风险指债务人因所在国发生政治冲突、政权更替、战争等情形，或者债务人资产被国有化或被征用等情形而承受的风险。

53. 【答案】 D

【解析】国别风险的主要类型包括转移风险、主权风险、传染风险、货币风险、宏观经济风险、政治风险、间接国别风险七类。其中，转移风险是国别风险的最主要类型之一。

54. 【答案】 C

【解析】选项A，国别风险可能由一国或地区经济状况恶化、政治和社会动荡、资产被国有化或被征用、政府拒付对外债务、外汇管制或货币贬值等情况引发；选项B，国别风险存在于授信、国际资本市场业务、设立境外机构、代理行往来和由境外服务提供商提供的外包服务等经营活动中；选项D，在风险管理实践中，商业银行通常将法律风险管理归属于操作风险管理范畴。

55. 【答案】 C

【解析】战略风险管理的基本做法包括：（1）明确董事会和高级管理层的责任；（2）建立清晰的战略风险管理流程；（3）采取恰当的战略风险管理方法。选项A、B属于声誉风险的管理方法；选项D属于有效的声誉风险管理体系应包括的内容。

56. 【答案】 C

【解析】选项A，法律风险是指商业银行因日常经营和业务活动无法满足或违反法律规定，导致不能履行合同、发生争谢诉讼或其他法律纠纷而造成经济损失的风险；选项B，战略风险是指商业银行在追求短期商业目的和长期发展目标的过程中，因不适当的发展规划和战略决策给商业银行造成损失或不利影响的风险；选项D，操作风险是指由不完善或有问题的内部程序、员工、信息科技系统以及外部事件所造成损失的风险。

57. 【答案】 B

【解析】选项B，努力建设学习型组织，有能力在出现问题时及时纠正是有效的声誉风险管理体系的内容之一。

58. 【答案】 A

【解析】商业银行应当建立清晰的声誉风险管理流程，用来一致、持久地识别、评估和监测每一个可能影响声誉的风险因素。清晰的声誉风险管理流程包括：（1）声誉风险识别；（2）声誉风险评估；（3）监测和报告。

59. 【答案】 C

【解析】声誉风险可能产生于商业银行运营的任何环节，通常与信用风险、市场风险、操作风险、流动性风险等风险交叉存在、相互作用。因此，声誉风险识别的核心是正确识别八大类风险中可能威胁商业银行声誉的风险因素。

60. 【答案】 A

【解析】声誉风险管理部门应当将收集到的声誉风险因素按照影响程度和紧迫性进行优先排序。为此，商业银行需要明确界定对不同利益持有者所承担的责任，以及即将执行的决策可能产生的结果。

61. 【答案】 A

【解析】声誉风险管理部门处在声誉风险管理的第一线，应当随时了解各类利益持有者所关注的问题，并且正确预测他们对商业银行的业务、政策或运营调整可能产生的反应。

62.【答案】 D

【解析】客户应当被看做是商业银行的核心资产，而不仅仅是产品或服务的被动接受者。传统上，商业银行通常都会因为竞争关系而将很多信息秘而不宣，如今越来越多的商业银行将产品研发、未来发展计划向客户/公众告知，并广泛征求意见，以提早预知和防范新产品/服务可能引发的声誉风险。

63.【答案】 C

【解析】选项A，制定危机管理规划是改善商业银行声誉风险管理的最佳操作实践之一；选项B，传统上，商业银行的危机管理主要采用"辩护或否认"的对抗战略推卸责任，但往往招致更强烈的对抗行动，如今更加具有建设性的危机处理方法是"化敌为友"；选项D，无论声誉危机何时发生，商业银行在系统制定声誉危机管理规划时，很多潜在风险就已经被及时发现并得到有效处理，因此，声誉危机管理规划能够给商业银行创造相当可观的附加价值。

64.【答案】 D

【解析】战略风险管理通常被认为是一项长期性的战略投资，实施效果需要很长时间才能显现。战略风险管理强化了商业银行对于潜在风险的洞察力，能够预先识别所有潜在风险以及这些风险之间的内在联系和相互作用，并尽可能在危机真实发生前就将其有效遏制。

65.【答案】 C

【解析】战略风险管理强化了商业银行对于潜在风险的洞察力，能够预先识别所有潜在风险以及这些风险之间的内在联系和相互作用，并尽可能在危机真实发生前就将其有效遏制。简言之，战略风险管理能够最大限度地避免经济损失、持久维护和提高商业银行的声誉和股东价值。

66.【答案】 D

【解析】选项D，商业银行在与客户建立业务关系或者为客户提供规定金额以上的现金汇款、现钞兑换、票据兑付等一次性金融服务时，应当要求客户出示真实有效的身份证件或者其他身份证明文件，进行核对并登记。

67.【答案】 B

【解析】选项B，商业银行根据测试目的需要，选择单因素压力变量，构建单一的情景假设，评估单一事件对资本充足率的影响，或选择多因素压力变量，构建综合性的情景假设，分析、评估系统性风险对银行资本承压能力的影响。

68.【答案】 D

【解析】市场风险压力测试主要目标在于弥补VaR模型缺陷和强化风险管理。VaR模型缺陷主要表现在两方面：(1) VaR不能反映极端情况下非正常市场中的损害程度，需要通过压力测试方法弥补VaR方法的缺陷；(2) 在压力情况下，风险因子的相关性可能发生改变。压力测试能捕捉压力状态下风险因子相关性发生改变的现象，反映极端事件的风险暴露。

69.【答案】 C

【解析】选项C，商业银行应当建立内部资本充足评估程序的报告体系，定期监测和报告银行资本水平和主要影响因素的变化趋势。

70.【答案】 B

【解析】商业银行应当优先考虑补充核心一级资本,增强内部资本积累能力,完善资本结构,提高资本质量。

71.【答案】 C

【解析】商业银行进行风险加总,应当充分考虑集中度风险及风险之间的相互传染。若考虑风险分散化效应,应基于长期实证数据,且数据观察期至少覆盖一个完整的经济周期。否则,商业银行应对风险加总方法和假设进行审慎调整。

72.【答案】 D

【解析】根据我国银监会制定的《商业银行风险监管核心指标》,资产收益率(Return on Assets,ROA)是反映商业银行资产质量、收入水平、成本管理水平、负债管理水平以及综合管理水平的综合指标。其计算公式是:资产收益率(ROA) = 税后净收入/资产总额。

73.【答案】 C

【解析】选项A,资本金收益率 = 税后净收入/资本金总额;选项B,资产收益率 = 税后净收入/资产总额;选项D,非利息收入率 = (非利息收入 – 非利息支出)/资产总额。

74.【答案】 B

【解析】选项B,监管部门对商业银行人力资源状况的监管分为两大方面:(1)对高级管理人员实施任职资格审核;(2)对商业银行人事政策和管理程序的评价。

75.【答案】 D

【解析】选项D,银行机构自身风险状况既包括银行整体并表基础上的总体风险水平,还包括其单一或部分分支机构的风险水平。

76.【答案】 D

【解析】根据资本充足率的计算公式:资本充足率 = (总资本 – 对应资本扣减项)/[信用风险加权资产 + 12.5 × (市场风险资本要求) + (操作风险资本要求)] ×100%,可以推出:市场风险资本要求 = [(总资本 – 对应资本扣除项)/资本充足率 – 信用风险加权资产 – 操作风险资本要求 1/12.5 = (40/8% – 100)/12.5 = 32(亿元)。

77.【答案】 C

【解析】根据中国银监会的监管规则,银行机构的市场准入包括三个方面:机构准入、业务准入、高级管理人员准入。其中,业务准入是指按照审慎性标准,批准银行机构业务范围和开办新业务。

78.【答案】 A

【解析】市场准入应当遵循公开、公平、公正、效率及便民的原则。

79.【答案】 A

【解析】选项A,监管部门按照商业银行资本充足状况,将商业银行分为一、二、三、四类,分别采取监管干预措施,提高不同类别商业银行的资本充足率水平。依据监管干预的强度不同,监管干预措施主要分为预警性监管干预措施和强制性监管干预措施两大类。其中,对一、二类银行,监管部门主要实行预警性监管干预措施;对三、四类银行,监管部门既实行预警性监管干预措施,又实行强制性监管干预措施。

80.【答案】 D

【解析】选项 D，现场检查结果将提高非现场监管的质量。

二、多项选择题

1.【答案】 BCE

【解析】选项 B，"房地产市场严重下跌"，预示着银行面临市场风险；选项 C，由于大量贷款无法收回，商业银行无法及时获得充足资金用于偿付到期债务、履行其他支付义务和满足正常业务开展的其他资金需求，预示着银行面临流动性风险；选项 E，"大量个人住房贷款无法偿还，房地产企业也由于倒闭而无力偿还贷款"，预示着银行面临信用风险。

2.【答案】 ADE

【解析】选项 B，因管理不善承担的高风险不一定能够带来高收益；选项 C，预期损失是指商业银行业务发展中基于历史数据分析可以预见到的损失，通常为一定历史时期内损失的平均值（有时也采用中间值），预期损失不等同于不确定性风险。

3.【答案】 AD

【解析】风险管理部门和合规部门是第二道风险防线。风险管理部门负责监督和评估业务部门承担风险的业务活动。合规部门负责定期监控银行对于法律、公司治理规则、监管规定、行为规范和政策的执行情况。选项 C 属于第一道防线；选项 B、E 属于第三道防线。

4.【答案】 ABCDE

【解析】验证的内容包括对内部评级体系数据的验证、评级模型的验证、违约概率的验证、违约损失率的验证、违约风险暴露的验证、信息系统的验证、内部评级政策和流程的验证等多个方面。

5.【答案】 ABCDE

【解析】信用风险控制的手段包括限额管理、信用风险缓释、关键业务流程/环节控制、资产证券化与信用衍生产品等。配置经济资本是限额管理的重要手段。信贷业务流程涉及很多重要环节，主要包括授信权限管理、贷款定价、信贷审批、贷后管理中与信用风险管理密切相关的关键流程/环节。

6.【答案】 BCE

【解析】当商业银行的久期缺口为正值时，如果市场利率下降，则资产与负债的价值都会增加，但资产价值增加的幅度比负债价值增加的幅度大，银行的市场价值将增加；如果市场利率上升，则资产与负债的价值都将减少，但资产价值减少的幅度比负债价值减少的幅度大，银行的市场价值将减少。

7.【答案】 AD

【解析】选项 B，VaR_{t-1} 为根据内部模型计量的上一交易日的风险价值。选项 C，压力风险价值（$sVaR$）为以下两项中的较大值：（1）根据内部模型计量的上一交易日的压力风险价值（$sVaR_{t-1}$）；（2）最近60个交易日压力风险价值的均值（$sVaR_{avg}$）乘以 m_s，m_s 最小为3。选项 E，一般风险价值（VaR）为以下两项中的较大值：（1）根据内部模型计量的上一交易日的风险价值（VaR_{t-1}）；（2）最近60个交易日风险价值的均值（VaR_{avg}）乘以 m_c，m_c 最小为3。

8.【答案】 BCE

【解析】各业务条线的操作风险资本系数如下：(1) 零售银行、资产管理和零售经纪业务条线的操作风险资本系数为12%；(2) 商业银行和代理服务业务条线的操作风险资本系数为15%；(3) 公司金融、支付和清算、交易和销售业务条线的操作风险资本系数为18%。

9.【答案】 ABD

【解析】操作风险缓释是在量化分析风险点分布、发生概率和损失程度的基础上，采用适当的缓释工具，限制、降低或分散操作风险。目前，主要的操作风险缓释手段有业务连续性管理计划、商业保险和业务外包等。

10.【答案】 ABCDE

【解析】除了每日客户存取款、贷款发放/归还、资金交易等会改变商业银行的资产负债期限结构外，存贷款基准利率的调整也会导致其资产负债期限结构发生变化。其他诸如股票市场投资收益率上升时，存款人倾向于将资金从银行转到股票市场，而借款人可能会推进新的贷款请求或加速提取那些支付低利率的信贷额度，也将对商业银行的流动性状况造成影响。

11.【答案】 BE

【解析】选项B，大额公司/机构存款的变动对中小商业银行流动性的冲击尤为显著，积极开拓中小企业客户存款，有助于显著分散和降低流动性风险；选项E，商业银行应当根据自身情况，控制各类资金来源的合理比例，并适度分散客户种类和资金到期日。

12.【答案】 ACE

【解析】国别风险是指由于某一国家或地区经济、政治、社会变化及事件，导致该国家或地区借款人或债务人没有能力或者拒绝偿付商业银行债务，或使商业银行在该国家或地区的商业存在遭受损失，或使商业银行遭受其他损失的风险。国别风险的主要类型包括转移风险、主权风险、传染风险、货币风险、宏观经济风险、政治风险、间接国别风险七类，其中转移风险是国别风险的最主要类型之一。

13.【答案】 ACDE

【解析】声誉风险管理的具体做法有：(1) 强化声誉风险管理培训；(2) 确保实现承诺；(3) 确保及时处理投诉和批评；(4) 尽可能维护大多数利益持有者的期望与商业银行的发展战略相一致；(5) 增强对客户/公众的透明度；(6) 将商业银行的企业社会责任和经营目标结合起来；(7) 保持与媒体的良好接触；(8) 制定危机管理规划。

14.【答案】 ABCD

【解析】商业银行所面临的风险，不论是正面的还是负面的，都必须通过系统化方法管理。因为几乎所有风险都可能影响商业银行的声誉，因此声誉风险也被视为一种多维风险。有效的声誉风险管理是有资质的管理人员、高效的风险管理流程以及先进的信息系统共同作用的结果。选项E，历史模拟法是计量和监测市场风险的方法。

15.【答案】 ACE

【解析】新产品/业务风险管理原则包括：统一性、全面性、适应性、有效性以及统筹性。

16.【答案】 ABCDE

【解析】资本充足率压力测试应在统一情景下分析覆盖全行范围内的实质性风险，包括但不限于信用风险、市场风险、操作风险、银行账户利率风险、流动性风险、集中度风险。

17. 【答案】　ABE

【解析】根据《商业银行资本管理办法（试行）》规定，商业银行内部资本充足评估程序应实现以下目标：（1）确保主要风险得到识别、计量或评估、监测和报告；（2）确保资本水平与风险偏好及风险管理水平相适应；（3）确保资本规划与银行经营状况、风险变化趋势及长期发展战略相匹配。因此，商业银行实施第二支柱需要建立完善的风险管理框架和稳健的内部资本充足评估程序。

18. 【答案】　ABD

【解析】银行在建立风险评估体系时，一般要坚持三个基本原则：（1）符合监管要求，即实质性风险评估体系必须要符合监管机构的相关要求；（2）符合银行实际，即评估体系要符合银行内部风险管理和资本管理的需要；（3）保证一定的前瞻性，即在建立风险评估体系时需要充分借鉴世界各国监管机构和银行同业的先进经验，保证评估体系具有一定的前瞻性。

19. 【答案】　ABCDE

【解析】中国银监会现场检查的重点内容包括：业务经营的合法合规性、风险状况和资本充足性、资产质量、流动性、盈利能力、管理水平和内部控制、市场风险敏感度。

20. 【答案】　CDE

【解析】市场准入应当遵循公开、公平、公正、效率及便民的原则，其主要目标是：（1）保证注册银行具有良好品质，预防不稳定机构进入银行体系；（2）维护银行市场秩序；（3）保护存款者利益。

三、案例题

1. 【答案】　ACE

【解析】区别于传统的信用风险，交易对手信用风险的特性主要有两个方面：（1）动态的风险敞口。传统信贷风险在交易初期就已经确定了风险暴露的大小，其风险敞口是静态的；对于交易对手信用风险，由于合约的经济价值取决于未来现金流的净值，可为正，可为负，具有极高不确定性，因此在违约时点上，交易对手的实际风险暴露存在不确定性，其风险敞口是动态变化的。(2) 风险敞口是双向的。对于传统信贷业务，由资金借出方一方承担风险，而对于衍生产品和证券融资业务，风险是双向的。合约价值为正时，交易对手可能违约，己方存在交易对手风险；当合约价值为负时，己方可能违约，交易对手承担违约风险，因此风险敞口是双向的。

2. 【答案】　B

【解析】交易对手信用风险的计量主要包括三部分：（1）交易对手信用风险暴露的计量；（2）对交易对手信用风险的定价；（3）交易对手违约风险加权资产和信用估值调整风险加权资产的计量。计量交易对手信用风险加权资产前，需要先获得交易对手信用风险暴露数据。

3. 【答案】　B

【解析】选项 B，由于交易所保证了交易双方未来的权益，所以可以认为交易所交易的衍生产品不存在交易对手信用风险。

4．【答案】 ABCD

【解析】交易对手信用风险主要来源于衍生品交易和证券融资交易。衍生品交易主要包括利率掉期、外汇远期、外汇掉期、交叉货币利率掉期、CDS 等；证券融资交易主要包括回购、逆回购以及证券借贷等。

5．【答案】 D

【解析】选项 D，对于不满足利用内部模型法，但希望提高风险敏感度（相对现期风险暴露法）的银行，可以采用标准法。

6．【答案】 ABCDE

【解析】金融危机中，许多银行暴露出交易对手信用风险管理方面的不足，因此必须对交易对手信用风险管理给予足够的重视：（1）在管理理念上，将交易对手信用风险作为独立的风险类型加以管理；（2）在管理架构上，成立专门的部门负责交易对手信用风险管理，形成风险流程管理；（3）在管理手段上，改进交易对手信用风险计量水平，开发交易对手信用风险计量系统；（4）在管理制度中，重视抵押协议和保证金协议，完善中央交易对手与净额结算制度；（5）在未来管理中，加强对 CVA 和错向风险的识别和管理。

7．【答案】 D

【解析】选项 D，系统重要性银行附加资本要求为 1%。

8．【答案】 B

【解析】选项 B，战略风险评估与声誉风险相似，战略风险是无形的，因此很难量化。

9．【答案】 BCDE

【解析】选项 A，识别信用风险是风险识别环节的工作，不是信用监测体系中的内容。有效的信用监测体系应实现的目标，除选项 B、C、D、E 四项外还包括：确保商业银行了解借款人或交易对方当前的财务状况及其变动趋势。

10．【答案】 ADE

【解析】风险文化是商业银行在经营管理活动中逐步形成的风险管理理念、哲学和价值观，通过商业银行的风险管理战略、风险管理制度以及广大员工的风险管理行为表现出来的一种企业文化。

11．【答案】 B

【解析】风险预警是指商业银行根据各种渠道获得的信息，通过一定的技术手段，对商业银行信用风险状况进行动态监测和早期预警，实现对风险"防患于未然"的一种"防错纠错机制"。需要进行预警的内容包括：（1）适应监管底线的风险预警管理；（2）适应本行内部信用风险执行效果的预警管理；（3）适应有关客户信用风险监测的预警管理。

12．【答案】 ABD

【解析】选项 C，开发的风险模型要准确，并且能够在未来一定时期内满足商业银行风险管理的需要，这一模型并非一成不变的，需要考虑变化的市场环境、政策，要保证数据源具有高度的真实性、准确性和充足性；选项 E，商业银行应当意识到，高级量化技术随着复杂程度增加，通常会产生新的风险，如模型风险。

全国银行业专业人员职业资格考试热题库

《风险管理(中级)》模拟试卷(三)

一、**单项选择题**(共80题,每小题0.5分,共40分。以下备选项中只有一项符合题目要求,不选、错选均不得分)

1. 商业银行计划推出A、B、C三种不同金融产品。预期在不同市场条件下,三种产品可能产生的收益率分别为5%、10%、15%,产生不同收益率的可能性见下表。

表 A、B、C产生不同收益率的可能性

预期与情景	收益率	可能性 A	B	C
低于市场预期	5%	25%	50%	25%
正常市场条件	10%	50%	0	25%
高于市场预期	15%	25%	50%	50%

根据上表,商业银行如果以预期收益率作为决策依据,下列描述正确的是( )。
Ⅰ. A和B具有同样的预期收益水平
Ⅱ. A和B的预期收益率同为10%,C的预期收益率为11.25%
Ⅲ. C的预期收益水平最高,因此可以作为最佳选择
Ⅳ. A和B的组合是一种良好的风险转移策略
A. Ⅰ,Ⅲ　　　B. Ⅱ,Ⅲ　　　C. Ⅰ,Ⅳ　　　D. Ⅰ,Ⅱ

2. ( )是指由于不完善或有问题的内部程序、员工和信息科技系统,以及外部事件给银行造成损失的风险。
A. 操作风险　　B. 国家风险　　C. 流动性风险　　D. 市场风险

3. 下列关于风险的定义中,印证了商业银行力图通过改善公司治理结构、强化内部控制机制,从而降低风险损失的管理理念的是( )。
A. 风险是未来结果的不确定性　　B. 风险是未来的期望收益
C. 风险是未来的盈利　　D. 风险是损失的可能性

4. 下列关于商业银行经济资本的描述,最恰当的是( )。
A. 经济资本主要用于应对风险资产可能遭受的灾难性损失
B. 科学的经济资本配置有助于优化业务和资产结构
C. 合理的经济资本的数量应当高于监管资本的要求
D. 越多的经济资本配置越有利于实现股东收益率最大化

5. 下列商业银行面临的风险中,不能采用风险对冲策略进行管理的是( )。

A. 汇率风险　　　　B. 操作风险　　　　C. 商品价格风险　　D. 利率风险
6. 商业银行降低贷款组合信用风险的最有效办法是（　　）。
   A. 将贷款分散到不同的行业和区域　　　B. 将贷款分散到正相关的行业
   C. 将贷款集中到个别高收益行业　　　　D. 将贷款集中到少数风险低的行业
7. 假设商业银行持有资产组合 A，根据投资组合理论，下列哪种操作降低该组合风险的效果最差？（　　）
   A. 卖出 50% 资产组合 A，用于购买与资产组合 A 的相关系数为 0 的资产组合 Y
   B. 卖出 50% 资产组合 A，用于购买与资产组合 A 的相关系数为 -0.5 的资产组合 Z
   C. 卖出 50% 资产组合 A，持有现金
   D. 卖出 50% 资产组合 A，用于购买与资产组合 A 的相关系数为 +0.8 的资产组合 X
8. 在商业银行的经营过程中，决定其风险承担能力的最重要因素是（　　）。
   A. 盈利能力和流动性管理水平　　　　B. 盈利能力和风险管理水平
   C. 资本金规模和流动性管理水平　　　D. 资本充足率水平和风险管理水平
9. 下列最具有明显的系统性风险特征的风险类别是（　　）。
   A. 信用风险　　　B. 市场风险　　　C. 声誉风险　　　D. 操作风险
10. 如果商业银行资产分散于负相关或弱相关的多种行业、地区和信用等级的客户，其资产组合的总体风险一般会（　　）。
    A. 增加　　　　B. 降低　　　　C. 不变　　　　D. 负相关
11. 商业银行采用高级风险量化技术面临（　　）。
    A. 声誉风险　　　B. 模型风险　　　C. 市场风险　　　D. 法律风险
12. 商业银行的（　　）有权制定风险管理策略，并决定采取何种有效措施来控制商业银行的整体或重大风险。
    A. 业务部门　　　B. 风险管理部门　　C. 高级管理层　　D. 风险管理委员会
13. 根据商业银行公司的治理原则，商业银行的战略目标应由（　　）审核批准。
    A. 董事会　　　　B. 监事会　　　　C. 高级管理层　　D. 股东大会
14. 关于风险管理组织中各机构的主要职责，下列说法正确的是（　　）。
    A. 高级管理层是商业银行的最高风险管理/决策机构，承担商业银行风险管理的最终责任
    B. 风险管理部门对商业银行的财务活动、经营决策、风险管理和内部控制进行监督
    C. 董事会负责组织实施经董事会审核通过的重大风险管理事项，以及在董事会授权范围内就有关风险管理事项进行决策
    D. 风险管理部门负责建设完善包括风险管理政策制度、工具方法、信息系统等在内的风险管理体系
15. 巴塞尔委员会提出大型银行、国际活跃银行以及其他银行应配备首席风险官，关于首席风险官，下列说法中错误的是（　　）。
    A. 首席风险官应与操作和经营条线分离，不负管理和财务职责
    B. 首席风险官负责商业银行的全面风险管理

C. 首席风险官不能向董事会报告
D. 首席风险官必须具备独立性

16. （　　）负责建立识别、计量、监测并控制风险的程序和措施。
    A. 股东大会　　　B. 监事会　　　C. 董事会　　　D. 高级管理层

17. 下列关于贷款风险迁徙率的说法，不正确的是（　　）。
    A. 该指标是一个静态指标
    B. 该指标表示为资产质量从前期到本期变化的比率
    C. 该指标衡量了商业银行风险变化的程度
    D. 该指标包括正常贷款迁徙率和不良贷款迁徙率

18. 当用权重法计量风险监管资本时，（　　）的信用风险转换系数最低。
    A. 承兑汇票　　　　　　　　　B. 一般未使用的信用卡授信额度
    C. 与贸易直接相关的短期或有项目　　D. 与交易直接相关的或有项目

19. 商业银行在使用内部评级法初级法计量信用风险资本时，（　　）不属于合格信用风险缓释工具。
    A. 黄金　　　　　　　　　　B. 上市公司发行的企业债券
    C. 商业银行承兑的汇票　　　D. 人民银行发行的票据

20. 在商业银行信用风险内部评级法中，下列关于违约概率与违约损失率的表述最恰当的是（　　）。
    A. 违约概率针对银行的交易对手而言，违约损失率则针对银行每一交易品种而言
    B. 违约概率与信贷资产保障无关，违约损失率与信贷资产保障有关
    C. 违约概率与客户信用等级密切相关，违约损失率与客户信用等级无关
    D. 商业银行应根据内部数据信息自行计算违约概率和违约损失率

21. 相对而言，下列受房地产行业价格波动影响小的行业是（　　）。
    A. 水泥业　　　B. 钢铁业　　　C. 汽车业　　　D. 建筑业

22. 某商业银行在期末对企业客户评级进行分析时发现，年初被评为AA级的1000个客户中，年内发生违约的客户有5个，则下列表述中正确的是（　　）。
    A. 该行AA级客户的违约频率为0.5%
    B. 该行AA级客户的贷款不良率为0.5%
    C. 该行AA级客户的违约概率为0.5%
    D. 该行AA级客户的违约损失率为0.5%

23. 下列属于商业银行合格循环零售风险暴露的是（　　）。
    A. 单笔不超过100万授信的个人信用卡
    B. 某银行发放一笔50万，期限1年的微小企业贷款
    C. 以汽车抵押而发放的30万信用卡专项分期付款
    D. 某小企业以房产为抵押，申请的一笔200万期限一年的循环授信

24. 某商业银行今年共发放了1万笔长期个人住房贷款，假设该1万笔贷款预期在第一年、第二年、第三年的边际死亡率分别为5%、3%、1%，则该1万笔贷款预期在三年间的累计死亡率是（　　）。

A. 7.25%   B. 90A,   C. 10.14%   D. 8.77%

25. 商业银行向某客户提供一笔3年期的贷款1000万元,该客户在第1年的违约率是0.8%,第2年的违约率是1.4%,第3年的违约率是2.1%。三年到期后,贷款会全部归还的回收率为( )。
    A. 95.757%   B. 96.026%   C. 98.562%   D. 92.547%

26. 《巴塞尔新资本协议》鼓励商业银行采取( )计量信用风险。
    A. 基于内部评级体系的方法   B. 风险价值(VaR)方法
    C. 历史模拟法   D. 基于外部评级体系的方法

27. 某2年期债券久期为1.8年,债券目前价格为105.00元,市场利率为3%,假设市场利率上升50个基点,则按照久期公式计算,该债券价格( )。
    A. 上涨0.874%   B. 下跌0.917%   C. 下跌0.874%   D. 上涨0.917%

28. 假设商业银行A现持有一笔国债。研究部门预测市场利率在未来将上扬,国债价格有下跌的风险,银行A决定通过利率掉期来管理该笔国债的利率风险,并与交易对手B达成利率掉期协议,则A和B之间可以( )。
    A. 银行A以浮动利率支付利息给B,B以固定利率支付利息给银行A
    B. 银行A以固定利率支付利息给B,B以固定利率支付利息给银行A
    C. 银行A以固定利率支付利息给B,B以浮动利率支付利息给银行A
    D. 银行A以浮动利率支付利息给B,B以浮动利率支付利息给银行A

29. 一家日本出口商向美国进口商出口了一批货物,预计1个月后收到1000万美元的货款,汇率为1美元=103日元。商业银行的研究部门预计1个月后日元可能会升值到1美元=100日元,因此建议该日本出口商( ),以对冲风险。
    A. 在103价位建立日元/美元的货币期货的多头头寸
    B. 在103价位建立日元/美元的货币期货的空头头寸
    C. 在100价位建立日元/美元的货币期货的多头头寸
    D. 在100价位建立日元/美元的货币期货的空头头寸

30. 假设某商业银行的资产负债管理策略是:资产以中长期项目贷款为主,而负债以活期存款为主,则该银行负债所面临的最主要的市场风险是( )。
    A. 期权性风险   B. 基准风险
    C. 重新定价风险   D. 收益率曲线风险

31. 下列产品最适合采用历史模拟法计量风险价值(VaR)的是( )。
    A. 互换合约   B. 交易活跃的金融产品
    C. 交易不活跃的金融产品   D. 场外信用衍生产品

32. 假设某商业银行总资产为1000亿元,资产加权平均久期为6年,总负债900亿元,负债加权平均久期为5年,则该银行的资产负债久期缺口为( )。
    A. 1.5   B. -1.5   C. 1   D. -1

33. 一家银行1年期的浮动利率贷款与1年期的浮动利率存款同时发生,贷款按月根据美国联邦债券利率浮动,存款按月根据LIBOR浮动,当联邦债券利率和LIBOR浮动不一致的时候,利率风险表现出( )。

A. 基准风险　　B. 期权性风险　　C. 重新定价风险　　D. 收益率曲线风险

34. 商业银行实施市场风险管理和计提市场风险资本的前提和基础是（　　）。
　　A. 建立完善的内部控制体系　　　　B. 正确划分银行账户与交易账户
　　C. 制定合理的中长期经营战略　　　D. 正确划分表内业务和表外业务

35. 在商业银行风险管理中，黄金价格的波动一般被纳入（　　）进行管理。
　　A. 利率风险　　B. 商品价格风险　　C. 汇率风险　　D. 操作风险

36. 下列关于商业银行资产负债久期缺口的分析，正确的是（　　）。
　　A. 久期缺口与利率风险没有必然联系
　　B. 久期缺口绝对值越小，利率风险越高
　　C. 久期缺口绝对值越大，利率风险越高
　　D. 久期缺口与资产负债比率没有必然联系

37. 商业银行系统缺陷包括信息科技系统和（　　）。
　　A. 业务流程无效　　　　　　　　　B. 员工的必要知识不足
　　C. 一般配套设备不完善　　　　　　D. 外部欺诈

38. 下列选项中，属于因系统缺陷而引发的操作风险的是（　　）。
　　A. 地震致使某银行贮存的账册严重损毁
　　B. 某银行因为通信系统不稳定而发生业务中断
　　C. 某银行财务系统建设存在缺陷，未保留部分重要文件
　　D. 某银行员工李某超越授权使用客户的资金进行投资，造成客户损失

39. 万事达卡国际组织于2005年6月17日宣布，由于一名黑客侵入"信用卡第三方支付系统"，包括万事达、维萨等机构在内的4000多万张信用卡用户的银行资料被盗取。此风险属于（　　）引发的风险。
　　A. 内部流程　　B. 系统缺陷　　C. 人员因素　　D. 外部事件

40. 外部人员的故意欺诈属于（　　）风险。
　　A. 系统缺陷　　　　　　　　　　　B. 不完善或有问题的内部程序
　　C. 人员因素　　　　　　　　　　　D. 外部事件

41. 2008年，中国四川地区发生地震，造成光缆断裂，使多家商业银行的通信和业务受到影响。这体现的是（　　）引发的风险。
　　A. 恐怖威胁　　B. 自然灾害　　C. 业务外包　　D. 监管规定

42. 下列选项中，属于违反用工法的是（　　）。
　　A. 不良的业务或市场行为　　　　　B. 咨询业务
　　C. 产品瑕疵　　　　　　　　　　　D. 性别及种族歧视事件

43. 外部的盗窃、抢劫行为属于（　　）。
　　A. 内部欺诈　　B. 外部欺诈　　C. 人员因素　　D. 系统缺陷

44. 伪造、变造多户头支票属于（　　）。
　　A. 内部欺诈　　B. 人员因素　　C. 外部欺诈　　D. 系统缺陷

45. 下列选项中，引发一级操作风险损失的原因包括（　　）。
　　A. 信息科技系统事件、内部欺诈事件、外部欺诈事件

B. 流程、人员、经营活动
C. 信息科技系统、经营活动、人员
D. 信息科技系统、人员、环境

46. 下列选项中，不属于损失数据收集遵循的原则的是（　　）。
   A. 重要性　　　　B. 统一性　　　　C. 多样性　　　　D. 谨慎性

47. 为了有效降低流动性风险，商业银行资产和负债的分布应（　　）。
   A. 异质化、分散化
   B. 同质化、集中化
   C. 资产应当同质化、集中化，负债应当异质化、分散化
   D. 负债应当同质化、集中化，资产应当异质化、分散化

48. 股票投资收益率上升，最可能会给银行造成的风险是（　　）。
   A. 声誉　　　　B. 市场　　　　C. 信用　　　　D. 流动性

49. 为了获取盈利，商业银行在正常范围内可以建立（　　）的资产负债期限结构。
   A. 借长贷长　　B. 借短贷短　　C. 借长贷短　　D. 借短贷长

50. 最常见的资产负债的期限错配情况是（　　）。
   A. 部分资产与某些负债在到期时间上不一致
   B. 部分资产与某些负债在持有时间上不一致
   C. 将大量短期借款用于长期贷款，即借短贷长
   D. 将大量长期借款用于短期贷款，即借长贷短

51. 银行的流动性风险与（　　）没无关。
   A. 资产负债币种结构　　　　B. 资产负债类别结构
   C. 资产负债分布结构　　　　D. 资产负债期限结构

52. 用应付未付外债总额与当年出口收入之比衡量一国长期资金的流动性，一般的限度是（　　）。
   A. 50%　　　　B. 80%　　　　C. 100%　　　　D. 120%

53. 当国际收支逆差与国际储备之比超过（　　）时，说明风险较大。
   A. 90%　　　　B. 100%　　　　C. 120%　　　　D. 150%

54. 下列选项中，不属于国别风险的评估指标的是（　　）。
   A. 等级指标　　B. 数量指标　　C. 规模指标　　D. 比例指标

55. 商业银行的（　　）来源于其内部经营管理活动，以及外部政治、经济和社会环境的变化。
   A. 法律风险　　B. 流动性风险　　C. 战略风险　　D. 操作风险

56. 下列选项中，不属于战略风险管理基本假设的是（　　）。
   A. 如果采取适当的措施，风险可以完全避免
   B. 准确预测未来风险事件的可能性是存在的
   C. 预防工作有助于避免或减少风险事件和未来损失
   D. 如果对未来风险加以有效管理和利用，风险有可能转变为发展机会

57. 商业银行之间的竞争日趋激烈，不可避免地出现收益下降、产品/服务成本增加、

产能过剩、恶性竞争等现象。这属于商业银行面临的外部风险中的（　　）。

A. 品牌风险　　　B. 行业风险　　　C. 客户风险　　　D. 竞争对手风险

58. 董事会和高级管理层对战略风险管理的结果负有（　　）责任。

A. 直接　　　　　B. 间接　　　　　C. 最大　　　　　D. 最终

59. 商业银行的战略规划应当定期审核或修正，以适应不断发展变化的市场环境。下列选项中，商业银行不需要调整战略规划的是（　　）。

A. 中国银行业实行全面的对外开放，竞争加剧

B. 房贷市场长期看好，但是遇到紧缩的货币政策，房贷产品计划推行不如预期

C. 客户的结构发生变化，提出新的需求

D. 中小企业逐渐成为市场经济的主要力量，而银行一直为大型国有企业提供贷款服务

60. 下列选项中，不属于战略风险识别宏观战略层面内容的是（　　）。

A. 资产投资组合中存在高风险、低收益的产品

B. 接受或排斥合作伙伴

C. 建立企业级风险管理信息系统的决策是否恰当

D. 进入或退出市场的决策是否恰当

61. 下列选项中，属于战略风险识别中观管理层面内容的是（　　）。

A. 是否忽视对个人理财人员的职业技能和道德操守培训

B. 资产投资组合中是否存在高风险、低收益的金融产品

C. 进入或退出市场的决策是否恰当

D. 建立企业级风险管理信息系统的决策是否恰当

62. 商业银行的战略风险管理体系通常可以分解为宏观战略层面、中观管理层面和微观执行层面，战略风险也相应的潜藏于这三个层面之中。关于商业银行三个层面的战略风险，下列选项中，说法错误的是（　　）。

A. 信用评级参数的设定、投资组合的选择/分布、市场营销计划等可能存在相当严重的战略风险

B. 具体岗位的风险管理政策和流程直接影响商业银行的业绩表现，因此必须定期严格审核或修订

C. 进入/退出市场、提供新产品/服务、接受/放弃合作伙伴等长期战略决策可能存在巨大的战略风险

D. 战略风险管理规划不应经常审核或修订以免影响长期战略一致性

63. 下列选项中，属于商业银行面临的技术风险是（　　）。

A. 技术开发失败

B. 我国金融业开放之后，行业竞争更加激烈

C. 银行的信息系统安全性存在风险

D. 银行缺乏独特的品牌形象

64. 新产品/业务风险评估是指商业银行在风险识别确定风险类型和风险点的基础上，对风险点出现的可能性和后果进行评估，衡量确定产品（　　）的过程。

A. 风险事件　　　B. 风险结果　　　C. 风险类型　　　D. 风险等级

65. 在资本供给方面，一般情况下应以（　　）合格标准为准，适当考虑可以使用的资本工具等确定。
    A. 账面资本　　　B. 监管资本　　　C. 经济资本　　　D. 实收资本

66. 压力情景应充分体现银行的特征是（　　）。
    A. 经营和收益　　B. 经营和风险　　C. 经营和管理　　D. 风险和收益

67. 商业银行应当在资本充足性评估程序中评估（　　），即进行资本评估。
    A. 资本充足水平　　　　　　　　B. 盈利水平
    C. 资产充足水平　　　　　　　　D. 风险管理水平

68. 为了对未来一段时期的资本充足情况进行预测和管理，资本规划一般的做法是对未来（　　）进行滚动规划。
    A. 两年或三年　　B. 三年或五年　　C. 一年或三年　　D. 三年或四年

69. 资本规划应至少设定内部资本充足率（　　）目标。
    A. 一年　　　　　B. 两年　　　　　C. 三年　　　　　D. 四年

70. 下列哪项关于现场检查的表述错误的是（　　）。
    A. 现场检查过程分为检查准备、检查实施、检查报告、检查处理和检查档案整理五个阶段
    B. 现场检查是指监管当局及其分支机构派出监管人员到被监管的金融机构进行实地检查
    C. 现场检查实施阶段可分为五个环节：进点会谈、检查实施、分析整理、评价定性、结束现场检查作业
    D. 现场检查对非现场监管有指导作用

71. 下列选项中，不属于风险处置纠正内容的是（　　）。
    A. 风险救助　　　B. 风险防范　　　C. 市场退出　　　D. 风险纠正

72. 关于风险救助，下列说法错误的是（　　）。
    A. 其内容包括调整决策层和管理层、实施资产和债务重组等
    B. 是针对有问题的银行机构采取的救助性措施
    C. 其措施可分为两类：一类是建议性或参考性措施，另一类是带有一定强制性或监控性的措施
    D. 其目的是通短，风险救所，改善银行机构经营状况，有效处置化解风险，防止风险进一步扩大和恶化

73. 下列关于银行监管的法律法规的说法，错误的是（　　）。
    A. 规章是银行监督管理部门根据法律和行政法规，在权限范围内制定的规范性文件
    B. 行政法规是由国务院依法制定的，以国务院令的形式发布的各种有关活动的法律规范，其效力等同于法律
    C. 在我国，按照法律的效力等级划分，银行监管法律框架由法律、行政法规和规章三个层级的法律规范构成

D. 法律是由全国人民代表大会及其常务委员会根据《宪法》，并依照法定程序制定的有关法律规范，是法律框架的最基本组成部分

74. 下列风险管理领域相关制度指引中，不属于信用风险管理领域相关制度指引的是（　　）。
    A. 《贷款通则》
    B. 《项目融资业务指引》
    C. 《商业银行风险监管核心指标（试行）》
    D. 《商业银行不良资产监测和考核暂行办法》

75. 下列关于市场约束的表述错误的是（　　）。
    A. 市场约束的目的在于促进银行稳健经营
    B. 监管部门是市场约束的核心
    C. 市场约束机制不需要一系列配套制度也可以实现
    D. 股东通过行使权利给银行经营者施加经营压力，有利于银行改善治理，实现对银行的市场约束

76. 监管部门是市场约束的核心，其作用不包括（　　）。
    A. 制定信息披露标准和指南，提高信息的可靠性和可比性
    B. 引导其他市场参与者改进做法，强化监督
    C. 实施惩戒，即建立有效的监督检查确保政策执行和有效信息披露
    D. 建立风险处置和退出机制，促进行政约束机制最终发挥作用

77. 下列选项中，关于市场约束参与方的作用，错误的是（　　）。
    A. 存款人通过选择银行，增加单家银行的竞争压力，银行为了吸收更多的存款必然要照顾存款人的利益，提高银行经营管理水平，有效控制风险
    B. 监管机构制定信息披露标准和指南，提高信息的可靠性和可比性
    C. 评级机构能够引导公众选择与资金安全性高的金融机构开展业务，并起到市场监督的作用
    D. 股东通过股票的购买和赎回，对银行的资金调度施加压力，督促银行改善经营，控制风险

78. 作为独立的第三方，能够对银行进行客观公正评级的是（　　）。
    A. 银行业协会　　B. 监管部门　　C. 评级机构　　D. 审计师

79. 关于操作风险的定性信息披露的内容是指（　　）。
    A. 操作风险情况　　　　　　B. 银行账户利率风险测量的频度
    C. 不良贷款的定义　　　　　D. 逾期的定义

80. 关于风险监管方法，下列表述错误的是（　　）。
    A. 非现场监管是非现场监管人员按照风险为本的监管理念，全面持续地收集、检测和分析被监管机构的风险信息
    B. 风险监管的方法一般分为非现场监管与现场检查两类
    C. 非现场监管是指认可机构必须定期向银行业监督管理机构报送资料，这些资料主要包括：统计资料申报表、内部管理账目、其他管理资料和已公布的财务资料

D. 非现场监管工作对现场检查发现的问题和风险进行持续跟踪监测，督促被监管机构的整改进度和情况

二、多项选择题（共 20 题，每小题 2 分，共 40 分。以下备选项中至少有两项或两项以上符合题目要求，不选、错选均不得分）

1. 下列哪些事件属于商业银行操作风险中的"人员因素"类别？（   ）
   A. 首席外汇交易员跳槽至另一家金融机构
   B. 信贷审核人员协助隐瞒虚假信息并批准放贷
   C. 理财业务人员因口头承诺客户固定收益而遭遇诉讼
   D. 部分员工因长期处于不良工作环境导致健康受损
   E. 资金交易员未经授权进行交易并造成损失

2. 下列商业银行的风险事件中，应当归属于操作风险类别的有（   ）。
   A. 交易部门因错误判断市场趋势而造成较大规模的损失
   B. 营业场所及设施因地震彻底损毁
   C. 财务部门因系统故障未能及时发布财务报告，受到监管机构处罚
   D. 数据中心因安全漏洞导致大量客户信息被窃
   E. 理财业务人员因向客户做出误导性的收益承诺，遭到诉讼并做出相应赔偿

3. 下列对商业银行风险计量的理解，正确的有（   ）。
   A. 风险模型开发所采用的数据源应当具有高度的真实性、准确性和充足性
   B. 风险模型应当能够真实反映商业银行的风险状况
   C. 应确保所开发的风险模型准确并长期有效
   D. 深刻理解不同风险计量方法的优缺点，采用多种分析手段相互补充
   E. 所采用的风险计量方法/模型越高级，计量出来的风险越准确

4. 商业银行进行信用风险预警分析时，可考虑将（   ）作为区域风险预警信号。
   A. 区域经济整体下滑   B. 区域内的产业发展规划不合理
   C. 区域相关法律法规重大调整 D. 区域主导产业出现衰退
   E. 区域内客户资信状况普遍降低

5. 下列关于行业财务风险指标的表述，正确的有（   ）。
   A. 行业净资产收益率是衡量行业盈利能力最重要的指标，越高越好
   B. 行业销售利润率是衡量产品附加值、市场竞争力及其发展潜力的重要指标，越高越好
   C. 资本积累率是评价目标行业发展潜力的重要指标，越高越好
   D. 劳动生产率是衡量生产技术水平及单位员工产出的重要指标，越高越好
   E. 行业盈亏系数是衡量行业风险程度的关键指标，越高越好

6. 根据良好的公司治理和内部控制原则，商业银行市场风险管理组织架构应当能够（   ）。
   A. 由承担风险的业务经营部门向董事会和高级管理层提供独立的市场风险报告
   B. 由市场风险管理部门监测业务经营部门和分支机构对市场风险限额的遵守情况

C. 由前台交易人员进行交易的正式确认、对账、重新估值、交易结算和款项收付
   D. 做到各部门职能恰当分离,避免潜在的利益冲突
   E. 确保市场风险管理部门与承担风险的业务经营部门保持相对独立
7. 商业银行市场风险内部模型的定量要求有（   ）。
   A. 应采用历史模拟法计算 VaR 值   B. 至少每三个月更新一次数据
   C. 置信水平采用99%的单尾置信区间   D. 市场价格的历史观测期至少为一年
   E. 持有期为10个交易日
8. 根据监管机构的要求,商业银行符合下列哪些条件时,可以使用标准法计算操作风险资本?（   ）
   A. 业务条线实施操作风险管理的人力和物力匮乏
   B. 未建立清晰的操作风险内部报告路线
   C. 董事会和高级管理层了解操作风险管理架构,但不参与监督执行
   D. 银行的操作风险管理系统概念稳健,执行正确有效
   E. 有充足的资源支持在主要产品线上和控制及审计领域采用标准法
9. 商业银行在采用标准法计算操作风险监管资本时,下列哪些业务条线对应的系数是18%?（   ）
   A. 公司金融   B. 支付和清算
   C. 交易和销售   D. 代理业务
   E. 零售银行业务
10. 商业银行的流动性风险管理应当重点关注资产负债的（   ）匹配。
    A. 分布结构   B. 利率结构
    C. 币种结构   D. 产品结构
    E. 期限结构
11. 下列关于商业银行流动性风险与各类主要风险关系的表述,正确的有（   ）。
    A. 良好的声誉有助于商业银行以合理的成本获得所需的资金,从而改善其流动性
    B. 制定和实施新战略、推广新产品/业务之前,应当评估流动性可能造成的影响
    C. 市场风险会影响投资组合的收益,并因此造成流动性波动
    D. 重大的操作风险损失可能对流动性造成显著影响
    E. 承担较高的信用风险有助于降低流动性风险
12. 商业银行对国别风险的计量方法应满足的要求包括（   ）。
    A. 能够覆盖所有风险暴露和不同类型的风险
    B. 能够在单一和并表层面按国别计量风险
    C. 能够根据风险的分散情况计量国别风险
    D. 能够覆盖所有重大风险暴露和不同类型的风险
    E. 能够根据有风险转移及无风险转移情况分别计量国别风险
13. 下列事件可能引发商业银行声誉风险的有（   ）。
    A. 银行大量挪用客户存款
    B. 银行投资衍生产品遭受巨额损失

C. 网银系统出现故障，引发客户安全质疑
D. 在银行办理业务排队时间长、柜员服务态度差
E. 出售理财产品未事先告知潜在风险，使客户蒙受巨大损失

14. 在声誉风险评估中，通常需要作出预先评估的风险事件包括（   ）。
    A. 商业银行改革/重组的成本/收益
    B. 影响客户或公众的政策性变化（例如营业场所、营业时间、服务收费等方面的调整）
    C. 市场对商业银行的盈利预期
    D. 监管机构责令整改的不利信息/事件
    E. 市场利率短期内剧烈波动

15. 在商业银行的流动性管理应急计划中应当包括（   ）等方面的内容。
    A. 明确在危机情况下各部门的分工和应采取的措施
    B. 弥补现金流量不足的工作程序
    C. 如何维持良好的公共关系，树立积极的公众形象
    D. 制定在危机情况下对资产和负债的处置措施
    E. 如何处理与利益持有者之间的关系

16. 适时发现可能预示即将发生流动性风险的预警信号，有助于商业银行及时采取措施降低流动性风险。下列可被认为是商业银行流动性风险预警信号的有（   ）。
    A. 银行发行的股票价格异常下跌
    B. 市场上愿意提供融资的交易对手数量减少
    C. 银行发行的可流通债券（包括次级债）的交易量显著增加，且买卖利差扩大
    D. 银行评级下调
    E. 资产质量恶化

17. 风险评估体系要符合银行内部（   ）的需要。
    A. 风险管理   B. 利润管理
    C. 财务管理   D. 资本管理
    E. 运营管理

18. 商业银行实质性风险评估的总体要求是（   ）。
    A. 商业银行应当建立风险加总的政策和程序，确保在不同层次上及时识别风险
    B. 商业银行风险评估要符合监管要求
    C. 商业银行应当有效评估和管理各类主要风险
    D. 商业银行风险评估要符合银行的实际
    E. 商业银行进行风险加总，应当充分考虑集中度风险及风险之间的相互传染

19. 在全球范围内，各国对银行监管实行严格的行业准入，是因为（   ）。
    A. 银行具有很强的公众性
    B. 银行面临着复杂的风险种类
    C. 银行业的垄断和竞争应保持适度均衡
    D. 银行具有特殊的资产负债结构

E. 银行对社会经济发展和资源再分配有着重要的影响

20. 在有限的资源约束下，采用风险为本的监管是一种最具成本效益的选择，其发挥的重要作用有（   ）。
    A. 明确了非现场监管和现场检查的职责，使二者分工更清晰、结合更紧密
    B. 把监督重心转移到银行风险管理和内部控制质量的评估上
    C. 明确监管的风险导向，提高银行管理层对风险管理的关注程度
    D. 更多借鉴内部管理和外部审计的结果，减少低风险业务的测试量和重复劳动，提高现场工作效率
    E. 通过事前对风险的有效识别，可根据每个机构的风险特点设计检查和监管方案

三、案例题（本题共20分）

案例一

请根据下表，回答下列4题。

表 某银行持有的各种货币的外汇敞口头寸

币种	外汇敞口头寸
美元	200（多头）
日元	?
欧元	150（空头）
英镑	80（空头）
港币	50（空头）

1. 如果该银行资产负债表上有日元资产1500，日元负债800，银行卖出的日元远期合约头寸为500，买入的日元远期合约头寸为200，持有的期权敞口头寸为50，则日元的敞口头寸是（   ）。（单项选择题，2分）
   A. 多头750   B. 空头750   C. 多头450   D. 空头450

2. 根据表中数据和第1题的计算结果，计算银行持有的货币组合的累积总敞口头寸和净总敞口头寸分别是（   ）。（单项选择题，2分）
   A. 350；−70   B. 350；70   C. 930；−370   D. 930；370

3. 使用短边法计算银行的总敞口头寸是（   ）。（单项选择题，2分）
   A. 70   B. 250   C. 350   D. 650

4. 如果此银行对待外汇风险的态度较为激进，计量总敞口头寸时主要考虑不同货币汇率的相关性，则银行使用的总敞口头寸应为（   ）。（单项选择题，2分）
   A. −370   B. 250   C. 350   D. 370

案例二

风险事件：2007年，受美国次贷危机导致全球信贷紧缩的影响，英国北岩银行发生储户挤兑事件。自9月14日全国范围内的挤兑事件发生以来，截止18号，严重的客户挤兑导致30多亿英镑的资金流出，占存款总量12%左右。短短几个交易日当中，北岩银行股价下

跌了将近80%。英国议会2008年2月21日通过了将北岩银行国有化的议案,授权该国政府将北岩银行的所有股份暂时归入其名下,并由独立的审计机构来计算股东的收益。

相关背景：北岩银行1997年10月1日进行公司制改革,实施高速扩张战略。房地产按揭贷款业务快速发展,资本消耗较大。1997～2007年10年间,其资产规模增长了7倍,年均增长21.34%,而资本充足率从2003年的14.3%降至2006年的11.6%。1997年底合并总资产仅158亿英镑,2006年底合并资产达1010亿英镑,其中89.2%的资产是住房抵押贷款,已成为英国第五、苏格兰地区第二大的住房抵押贷款机构,并于2001年9月入选伦敦富时100指数。北岩银行2006年末向消费者发放的贷款占总资产的比重为85.498%,加上无形资产、固定资产,全部非流动性资产占比高达85.867%,而流动性资产仅占总资产的14.133%,特别是其中安全性最高的现金及中央银行存款仅占0.946%。从负债方面看,北岩银行资金来源中50%来自资产证券化,大大高于英国银行平均7%的证券化融资率,平均期限3.5年;10%来自资产担保债券,平均期限7年;批发市场拆入资金占25%,其中近一半资金的期限不足1年。为了实现高速增长,北岩银行从批发市场上大量拆入资金,并于1999年采取了"分销源头"的融资模式。在这种模式中,银行不再将贷款持有到期,而是将贷款卖给投资者。该银行通过将抵押贷款打包,并将打包的抵押贷款作为进一步融资的抵押物——即"资产证券化"过程,使其资产负债表上的贷款实现了风险隔离。2004年,北岩银行引入了"资产担保债券",即银行本身持有资产并据此发行资产担保债券。这样虽可以使银行在获得市场融资的同时享受较高的贷款收益,但也加大了银行自身的风险暴露。

根据上述案例描述,回答下列7小题。

5. 英国北岩银行出现的挤兑事件将导致银行的( )。(单项选择题,1分)
   A. 法律风险　　B. 国家风险　　C. 市场风险　　D. 流动性风险

6. 北岩银行迅猛的增长战略可能带来下列哪些风险?( )（多项选择题,2分）
   A. 该行从批发市场拆入的资金主要来源于金融机构,风险较小
   B. 金融危机导致按揭贷款的质量下降,贷款定价不能够弥补损失
   C. 该行过度依赖从资本市场筹集短期资金,这会使它更容易受到市场崩溃的冲击
   D. "借短贷长"的经营方式导致资产负债结构期限不匹配
   E. "分销源头"的结果是该行过分依赖证券化作为其主要资金来源

7. 根据我国监管要求,商业银行使用权重法计算风险加权资产时,对个人住房抵押贷款的风险权重为( )。(单项选择题,1分)
   A. 0　　　　　B. 50%　　　　　C. 70%　　　　　D. 100%

8. 资本充足率低是导致英国北岩银行危机的一个重要因素。商业银行应对资本充足率进行压力测试,下列不属于资本充足率压力测试框架的是( )。(单项选择题,2分)
   A. 定量压力测试　　　　　　　　B. 情景选择
   C. 资本规划　　　　　　　　　　D. 定性压力测试及管理行动

9. 英国北岩银行危机表明流动性对商业银行生存具有重要意义。商业银行保持良好的流动性状况对其运营产生的积极作用包括( )。(多项选择题,2分)
   A. 降低商业银行借入资金所需支付的风险溢价

B. 避免商业银行的资产被迫廉价出售
C. 增进市场信心、向市场表明商业银行是安全的并有能力偿还贷款
D. 降低商业银行所面临的操作风险
E. 确保银行有能力实现贷款承诺，稳固客户关系

10. 英国北岩银行的挤兑事件提醒各大银行要加强流动性风险监管。关于商业银行的流动性监管的辅助指标，下列选项中，说法不正确的是（   ）。（单项选择题，2分）
    A. 经调整资产流动性比例 = 调整后流动性资产余额/调整后流动性负债余额×100%
    B. 存贷款比例不得超过75%
    C. 经调整后流动性负债余额 = 流动性负债总和 − 1个月内到期用于质押的存款金额
    D. 存贷款比例 = 各项存款余额/各项贷款余额×100%

11. 2008年全球金融危机后，巴塞尔委员会公布了巴塞尔协议Ⅲ框架。相比巴塞尔协议Ⅱ，巴塞尔协议Ⅲ突出表现在（   ）。（多项选择题，2分）
    A. 改进风险权重计量方法，大幅度增加高风险业务的资本要求
    B. 重新界定监管资本的构成，恢复普通股在监管资本中的核心地位
    C. 增加了对交易账户和双重违约的处理
    D. 建立逆周期资本监管机制，提升银行体系应对信贷周期转换的能力
    E. 显著提高资本充足率监管标准，通常情况下普通商业银行的普通股充足率应达到7%，总资本充足率不得低于10.5%

模拟试卷（三）参考答案及解析

一、单项选择题

1. 【答案】 D

【解析】A的预期收益率 = $0.25 \times 5\% + 0.5 \times 10\% + 0.25 \times 15\% = 10\%$，方差 = $0.25 \times (5\% - 10\%)^2 + 0.5 \times (10\% - 10\%)^2 + 0.25 \times (15\% - 10\%)^2 = 0.00125$；B的预期收益率：$0.5 \times 5\% + 0.5 \times 15\% = 10\%$，方差：$0.5 \times (5\% - 10\%)^2 + 0.5 \times (15\% - 10\%)^2 = 0.0025$；C的预期收益率：$0.25 \times 5\% + 0.25 \times 10\% + 0.5 \times 15\% = 11.25\%$，方差 = $0.25 \times (5\% - 11.25\%)^2 + 0.25 \times (10\% - 11.25\%)^2 + 0.5 \times (15\% - 11.25\%)^2 = 0.00171$。

2. 【答案】 A

【解析】操作风险是指由不完善或有问题的内部程序、员工和信息科技系统，以及外部事件所造成损失的风险。

3. 【答案】 A

【解析】在商业银行现代管理中，风险被定义为未来结果出现收益或损失的不确定性。具体来说，如果某个事件的收益或损失是固定的并已经被事先确定下来，则不存在风险；若该事件的收益或损失存在变化的可能，且这种变化过程事先无法确定，则存在风险。

4. 【答案】 B

【解析】选项A,经济资本是指在一定的置信度和期限下,为了覆盖和抵御银行超出预期的经济损失(即非预期损失)所需要持有的资本数额;选项C,经济资本取决于商业银行实际风险水平,商业银行的整体风险水平高,要求的经济资本就多,反之要求的经济资本就少;选项D,经济资本的重要意义在于强调资本的有偿占用,即占用资本来防范风险是需要付出成本的,因而并不是经济资本配置越多越好。

5. 【答案】 B

【解析】风险对冲对管理市场风险(利率风险、汇率风险、股票风险和商品风险)非常有效,可以分为自我对冲和市场对冲两种情况。操作风险很难通过风险对冲策略进行管理。

6. 【答案】 A

【解析】商业银行可以利用资产组合分散风险的原理,将贷款分散到不同的行业、区域,通过积极地实施风险分散策略,显著降低发生大额风险损失的可能性,从而达到管理和降低风险、保持收益稳定的目的。

7. 【答案】 D

【解析】如果资产组合中各资产存在相关性,则风险分散的效果会随着各资产间的相关系数有所不同。假设其他条件不变,当各资产间的相关系数为正时,风险分散效果较差;当相关系数为负时,风险分散效果较好。

8. 【答案】 D

【解析】在商业银行的经营管理过程中,决定其风险承担能力的两个重要因素是:(1)资本充足率水平,资本充足率较高的商业银行有能力接受相对高风险、高收益的项目,比资本充足率低的商业银行具有更强的竞争力;(2)商业银行的风险管理水平,资本充足率仅仅决定了商业银行承担风险的潜力,而其所承担的风险究竟能否带来实际收益,最终取决于商业银行的风险管理水平。

9. 【答案】 B

【解析】由于市场风险主要来自所属经济体,因此具有明显的系统性风险特征,难以通过在自身经济体内分散化投资完全消除。国际金融机构通常采取分散投资于多国金融市场的方式来降低系统性风险。

10. 【答案】 D

【解析】根据投资组合分散风险的原理,当各资产间的相关系数为正时,风险分散效果较差;当相关系数为负时,风险分散效果较好。

11. 【答案】 B

【解析】选项B,商业银行在追求和采用高级风险量化方法时,应当意识到,高级量化技术随着业务复杂程度的增加,通常会产生新的风险,如模型风险。因此,使用高级风险量化技术进行辅助决策以及核算监管资本的数量时,商业银行应当具备相应的知识和技术条件,并且事先通过监管机构的审核与批准。

12. 【答案】 D

【解析】大部分银行特别是大型银行和国际活跃银行,在高级管理层层面设立了风险管理相关委员会,对银行风险管理相关重要事项进行讨论、审议或决策;在我国商业银行,高管层层面普遍设立负责对风险管理政策制度、风险管理和风险水平等进行审议的风险管理委员会。

13. 【答案】 A

【解析】巴塞尔委员会发布的第四版《银行公司治理原则》强调董事会对银行负有整体责任，包括批准并监督管理层实施银行的战略目标、治理框架和公司文化。

14. 【答案】 D

【解析】选项A属于董事会的职责；选项B属于监事会的职责；选项C属于高级管理层的职责。

15. 【答案】 C

【解析】银监会《商业银行公司治理指引》指出，商业银行可以设立独立于操作和经营条线的首席风险官。首席风险官负责商业银行的全面风险管理，并可以直接向董事会及其风险管理委员会报告。

16. 【答案】 D

【解析】选项D，高管层负责组织实施经银行董事会审核通过的重大风险管理事项，以及在董事会授权范围内就有关风险管理事项进行决策，负责建设银行风险管理体系，组织开展各类风险管理活动，识别、计量、监测、控制或缓释银行的风险，向董事会就银行风险管理和风险承担水平进行报告并接受监督。

17. 【答案】 A

【解析】选项A，风险迁徙类指标衡量商业银行信用风险变化的程度，表示为资产质量从前期到本期变化的比率，属于动态监测指标。

18. 【答案】 C

【解析】选项A，对表外的等同于贷款的授信业务如承兑汇票、具有承兑性质的背书及融资性保函等信用风险转换系数为100%；选项B，对信用卡一般未使用的信用额度信用风险转换系数为50%；选项C，对与贸易直接相关的短期或有项目信用风险转换系数为20%；选项D，对与交易直接相关的或有项目，包括投标保函、履约保函等信用风险转换系数为50%。

19. 【答案】 B

【解析】信用风险缓释是指银行采用内部评级法计量信用风险监管资本时，运用合格的抵（质）押品、净额结算、保证和信用衍生工具等方式转移或降低信用风险。选项A、C、D都属于内部评级法初级法下的合格的抵（质）押品中的金融质押品。

20. 【答案】 A

【解析】违约损失率指估计的某一债项违约后损失的金额占该违约债项风险暴露的比例，违约概率是指借款人在未来一定时期内发生违约的可能性。

21. 【答案】 C

【解析】行业风险是指当某些行业出现产业结构调整或原材料价格上升或竞争加剧等不利变化时，贷款组合中处于这些行业的借款人可能因履约能力整体下降而给商业银行造成系统性的信用风险损失，包括上下游行业风险和关联性行业风险。选项A、B、D三项均为房地产行业的上游或下游行业，受房地产行业价格波动影响相对较大。

22. 【答案】 A

【解析】1000个客户中发现有5个客户违约，则违约频率=5/1000×100%=0.5%。

23. 【答案】 A

【解析】合格循环零售风险暴露是指各类无担保的个人循环贷款，合格循环零售风险暴露中对单一客户最大信贷余额不超过100万元人民币。

24. 【答案】 D

【解析】贷款存活率=（1-5%）×（1-3%）×（1-1%）=91.23%，累计死亡率=1-91.23%=8.77%。

25. 【答案】 A

【解析】根据死亡率模型，该客户能够在3年到期后将本息全部归还的概率为：（1-0.8%）×（1-1.4%）×（1-2.1%）=95.757%。

26. 【答案】 A

【解析】目前在全球范围内，巴塞尔委员会鼓励有条件的商业银行使用基于内部评级的方法来计量违约概率、违约损失率、违约风险暴露并据此计算信用风险监管资本，有力地推动了商业银行信用风险内部评级体系和计量技术的发展。

27. 【答案】 C

【解析】久期（也称持续期）用于对固定收益产品的利率敏感程度或利率弹性的衡量。在市场利率有微小改变时，固定收益产品价格的变化可以表示为：

28. 【答案】 C

【解析】利率互换是两个交易对手仅就利息支付进行相互交换，并不涉及本金的交换。研究部门预测市场利率可能进入上升通道，造成国债价格下跌，此时，银行A可选择与交易对手B进行利率互换，即银行A将国债的固定利息收入支付给交易对手B，而B支付给A浮动利息，以转移利率风险。

29. 【答案】 A

【解析】由题意可知，该日本出口商预计1个月后收到1000万美元的货款，为了避免美元贬值造成损失，可在103价位建立日形美元的货币期货的多头头寸。

30. 【答案】 C

【解析】利率风险按照来源不同，分为重新定价风险、收益率曲线风险、基准风险和期权性风险。其中，重新定价风险也称期限错配风险，是最主要和最常见的利率风险形式，源于银行资产、负债和表外业务到期期限（就固定利率而言）或重新定价期限（就浮动利率而言）之间所存在的差异。这种重新定价的不对称性使银行的收益或内在经济价值会随着利率的变动而发生变化。

31. 【答案】 B

【解析】历史模拟法假定历史可以在未来重复，通过搜集一定历史期限内全部的风险因素收益信息，模拟风险因素收益未来的变化。历史模拟法较为依赖市场数据，选项A、C、D三项数据不易获取。

32. 【答案】 A

【解析】根据公式可得，久期缺口=资产加权平均久期-（总负影总资产）×负债加权平均久期=6-（900/1000）×5=1.5。

33.【答案】 A

【解析】基准风险也称利率定价基础风险,是一种重要的利率风险。在利息收入和利息支出所依据的基准利率变动不一致的情况下,虽然资产、负债和表外业务的重新定价特征相似,但因其利息收入和利息支出发生了变化,也会对银行的收益或内在经济价值产生不利的影响。

34.【答案】 B

【解析】合理的账户划分是商业银行开展有效的市场风险计量监控、准确计量市场风险监管资本要求的基础。根据《商业银行资本管理办法(试行)》规定,商业银行的金融工具和商品头寸可划分为银行账户和交易账户两大类。

35.【答案】 C

【解析】为了保持各国外汇统计口径的一致性,黄金价格波动被纳入商业银行的汇率风险范畴。原因是,黄金曾长时间在国际结算体系中发挥国际货币职能(充当外汇资产)。尽管在布雷顿森林体系崩溃后,黄金不再法定地充当国际货币,但在实践中,黄金仍然是各国外汇储备资产的一种重要组成形式。

36.【答案】 C

【解析】银行通常使用久期缺口来分析利率变化对其整体利率风险敞口的影响。用 D_A 表示总资产的加权平均久期,D_L 表示总负债的加权平均久期,V_A 表示总资产,V_L 表示总负债,则久期缺口=资产的加权平均久期-(总负债/总资产)×负债的加权平均久期=$D_A - \left(\frac{V_L}{V_A}\right)D_L$。资产负债久期缺口的绝对值越大,银行整体市场价值对利率的敏感度就越高,因而整体的利率风险敞口也越大。

37.【答案】 C

【解析】商业银行的操作风险可按人员因素、内部流程、系统缺陷和外部事件四大类别分类。其中,系统缺陷包括信息科技系统和一般配套设备不完善。

38.【答案】 B

【解析】选项A是由于外部事件而引发的操作风险;选项C是由于内部流程而引发的操作风险;选项D是由于人员因素而引发的操作风险。

39.【答案】 D

【解析】外部事件包括外部欺诈、自然灾害、交通事故、外包商不履责等。题中商业银行外部人员通过网络侵入内部系统作案,属于外部事件引发的风险。

40.【答案】 D

【解析】商业银行的外部事件风险包括:外部欺诈、自然灾害、交通事故、外包商不履责等。

41.【答案】 B

【解析】商业银行的外部事件风险包括:外部欺诈、自然灾害、交通事故、外包商不履责等。其中,自然灾害风险是指由于自然因素造成商业银行的财产损失的风险,包括火灾、洪水、地震等。

42.【答案】 D

【解析】违反用工法是指商业银行因违反劳动合同法、就业、健康或安全方面的法规或协议，个人工伤赔付或者因歧视及差别待遇事件导致的损失，表现在劳资关系、环境安全性、歧视及差别待遇事件三个方面。

43. 【答案】 B

【解析】外部欺诈是指第三方故意骗取、盗用、抢劫财产、伪造要件、攻击商业银行信息科技系统或逃避法律监管导致的损失事件。

44. 【答案】 C

【解析】外部欺诈是指外部人员故意骗取、盗用财产或逃避法律而给商业银行造成损失的行为，包括外部的盗窃/抢劫、伪造、支票欺诈行为；黑客攻击损失及窃取信息造成资金损失。

45. 【答案】 A

【解析】引发一级操作风险的原因有：（1）内部欺诈事件；（2）外部欺诈事件；（3）就业制度和工作场所安全事件；（4）客户、产品和业务活动事件；（5）实物资产的损坏；（6）信息科技系统事件；（7）执行、交割和流程管理事件。

46. 【答案】 C

【解析】损失数据收集应遵循如下原则：重要性原则、及时性原则、统一性原则、谨慎性原则和全面性原则。

47. 【答案】 A

【解析】商业银行应尽可能降低其资金来源（负债）和使用（资产）的同质性，形成合理的资产负债分布结构，以获得稳定的、多样化的现金流量，最大程度地降低流动性风险，即商业银行资产和负债的分布应当异质化、分散化。

48. 【答案】 D

【解析】股票市场投资收益率上升时，存款人倾向于将资金从银行转到股票市场，而借款人可能会推进新的贷款请求或加速提取那些支付低利率的信贷额度，也将对商业银行的流动性状况造成影响。

49. 【答案】 D

【解析】商业银行为了获取盈利而在正常范围内建立的"借短贷长"的资产负债期限结构（或持有期缺口），被认为是一种正常的、可控性较强的流动性风险。

50. 【答案】 C

【解析】商业银行最常见的资产负债期限错配情况是将大量短期借款（负债）用于长期贷款（资产），即"借短贷长"，其优点是可以提高资金使用效率、利用存贷款利差增加收益，但如果这种期限错配严重失衡，则有可能因到期资产所产生的现金流入严重不足造成支付困难，从而面临较高的流动性风险。

51. 【答案】 B

【解析】银行流动性风险的内生因素包括：资产负债期限结构、资产负债币种结构和资产负债分布结构。

52. 【答案】 C

【解析】应付未付外债总额与当年出口收入之比可以用来衡量一国长期资金的流动性，

一般的限度为100%。高于这个限度说明该国的长期资金流动性差,因而风险也较高。

53. 【答案】   D

【解析】国际收支逆差与国际储备之比反映以一国国际储备弥补其国际收支逆差的能力,一般限度是150%,超过这一限度说明风险较大。

54. 【答案】   C

【解析】国别风险的评估指标主要包括三种:数量指标、比例指标和等级指标。这三项指标是对国别风险关键因素的不同方面进行衡量。

55. 【答案】   C

【解析】商业银行的战略风险来源于其内部经营管理活动,以及外部政治、经济和社会环境的变化,主要体现在四个方面:(1)商业银行战略目标缺乏整体兼容性;(2)为实现这些目标而制定的经营战略存在缺陷;(3)为实现目标所需要的资源匮乏;(4)以及整个战略实施过程的质量难以保证。

56. 【答案】   A

【解析】商业银行致力于战略风险管理的前提,是理解并接受战略风险管理的基本假设:(1)准确预测未来风险事件的可能性是存在的;(2)预防工作有助于避免或减少风险事件和未来损失;(3)如果对未来风险加以有效管理和利用,风险有可能转变为发展机会。

57. 【答案】   B

【解析】选项A,竞争对手风险是指越来越多的非银行类金融服务机构在提供更加便利和多元化的金融服务、填补市场空白的同时,也在逐步侵蚀商业银行原有的市场份额;选项C,客户风险是指经济发展及市场波动导致客户风险/投资偏好发生转变,客户维权意识和议价能力也显著增强;选项D,品牌风险是指激烈的行业竞争必然形成优胜劣汰,产品/服务的品牌管理质量直接影响商业银行的盈利能力和发展空间。

58. 【答案】   D

【解析】董事会和高级管理层负责制定商业银行最高级别的战略规划,并将其作为商业银行未来发展的行动指南。董事会和高级管理层对战略风险管理的结果负有最终责任。

59. 【答案】   B

【解析】战略规划应当定期审核或修正,以适应不断发展变化的市场环境和满足利益持有者的需求,同时最大限度地降低战略规划中的战略风险。选项B,产品的计划推行不如预期,其原因可能是经济环境不允许、经济政策不支持或规划方向有误等,如果仅是短期内的货币政策影响,房贷市场仍然长期看好,就不应视为战略有误,无须对长远战略规划进行调整。

60. 【答案】   A

【解析】通常,战略风险识别可以从宏观战略层面、中观管理层面和微观执行层面三个层面入手。其中,在宏观战略层面,董事会和最高管理层必须全面、深入地评估商业银行长期战略决策中可能潜藏的战略风险。例如,进入或退出市场、提供新产品/服务、接受或拒绝战略合作伙伴、建立企业级风险管理信息系统等重要决策,应当保持长期内在一致性,并有助于支持短期目标的实现。选项A属于战略风险识别的中观管理层面的内容。

61. 【答案】 B

【解析】通常，战略风险识别可以从宏观战略层面、中观管理层面和微观执行层面三个层面入手。其中，在中观管理层面，业务领域负责人应当严格遵循商业银行的整体战略规划，最大限度地避免投资策略、业务拓展等涉及短期利益的经营/管理活动存在的战略风险。例如，违背董事会和最高管理层的风险偏好原则，倾向于选择高风险、高收益的业务，甚至是投资组合中存在高风险、低收益的金融产品。选项A、D属于宏观战略层面的风险识别；选项C属于微观执行层面的战略风险识别。

62. 【答案】 D

【解析】选项D，战略风险管理的最有效方法是制定以风险为导向的战略规划，并定期进行修正。虽然重大的战略规划/决策有时需要提请股东大会审议、批准，但并不意味着战略规划因此保持长期不变。相反，战略规划应当定期审核或修正，以适应不断发展变化的市场环境和满足利益持有者的需求，同时最大限度地降低战略规划中的战略风险。

63. 【答案】 C

【解析】选项A属于项目风险；选项B属于行业风险；选项D属于品牌风险。

64. 【答案】 D

【解析】新产品/业务风险管理是指商业银行产品主管部门在新产品/业务立项申请、需求设计、技术开发、测试投产等各环节，运用定量或定性方法对新产品/业务进行风险识别、评估和控制，并由风险管理等部门进行风险审查和监督管理的过程。新产品/业务风险评估是指商业银行在风险识别确定风险类型和风险点的基础上，对风险点出现的可能性和后果进行评估，衡量确定产品风险等级的过程。

65. 【答案】 B

【解析】商业银行应基于风险评估过程中获取的当前风险轮廓、未来业务规划和发展战略确定资本需求。在各类重大风险资本需求的确定上，对于可以量化的风险以监管资本或内部经济资本计量模型确定其资本需求，包括但不限于：信用风险（含信用集中度风险）、市场风险、操作风险、银行账户利率风险；对于不可量化风险采用风险加权资产的一定比例确定资本需求。在资本供给方面，一般情况下应以监管资本合格标准为准，适当考虑可以使用的资本工具等确定。

66. 【答案】 B

【解析】压力情景可以基于历史情景设置，或者通过专家判断的形式设置虚拟情景，也可以设置历史情景和虚拟情景相结合的混合情景。无论采用哪种方法设置，压力情景应充分体现银行经营和风险的特征。

67. 【答案】 A

【解析】根据风险评估结果，商业银行应当在资本充足性评估程序中评估资本充足水平，即进行资本评估。商业银行应基于风险评估过程中确定的当前风险轮廓、未来业务规划和发展战略确定资本需求。

68. 【答案】 B

【解析】为了对未来一段时期的资本充足情况进行预测和管理，资本规划通常的做法是对未来三年或五年进行滚动规划。由于银行对于未来一年往往有更多的信息，因此规划的重点往往在第一年，第一年的预测也为后几年的预测提供了基础信息。

69.【答案】　C

【解析】商业银行制定资本规划，应当综合考虑风险评估结果、未来资本需求、资本监管要求和资本可获得性，确保资本水平持续满足监管要求。资本规划应至少设定内部资本充足率三年目标。

70.【答案】　D

【解析】选项D，非现场监管对现场检查有指导作用。

71.【答案】　B

【解析】风险处置纠正贯穿银行监管始终，是指监管部门针对银行机构存在的不同风险和风险的严重程度，及时采取相应措施加以处置，包括：（1）风险纠正；（2）风险救助；（3）市场退出。

72.【答案】　C

【解析】选项C，风险的纠正性措施可分为两类：一类是建议性或参考性措施，另一类是带有一定强制性或监控性的措施。

73.【答案】　B

【解析】选项B，行政法规是由国务院依法制定，以国务院令的形式发布的各种有关活动的法律规范，其效力低于法律。

74.【答案】　C

【解析】选项C，《商业银行风险监管核心指标（试行）》属于其他风险管理领域相关制度指引。

75.【答案】　C

【解析】选项C，市场约束机制需要一系列配套制度得以实现，包括完善的信息披露制度、健全的中介机构管理约束、良好的市场环境和有效的市场退出政策，以及监管机构对银行业金融机构所披露的信息进行评估等。

76.【答案】　D

【解析】选项D应为建立风险处置和退出机制，促进市场约束机制最终发挥作用。

77.【答案】　D

【解析】选项D，债权人通过债券的购买和赎回，对银行的资金调度施加压力，督促银行改善经营，控制风险。

78.【答案】　C

【解析】评级机构作为独立的第三方，能够对银行进行客观公正的评级，为投资者和债权人提供有关资金安全的风险信息，引导公众选择资金安全性高的金融机构。

79.【答案】　A

【解析】选项B为关于银行账户的利率风险的定性信息披露；选项C、D两项为关于信用风险的定性信息披露。

80.【答案】　C

【解析】选项C，非现场监管是非现场监管人员按照风险为本的监管理念，全面持续地收集、检测和分析被监管机构的风险信息，针对被监管机构的主要风险隐患制订监管计划，并结合被监管机构风险水平的高低和对金融体系稳定的影响程度,合理配置监管资源,实施一系列分类监管措施的周而复始的过程。

二、多项选择题

1.【答案】 BCDE

【解析】操作风险的人员因素主要是指职员欺诈、失职违规、违反用工法律。选项 B 属于职员欺诈;选项 C、E 属于失职违规;选项 D 属于违反用工法。

2.【答案】 ABCDE

【解析】商业银行的操作风险可按人员因素、内部流程、系统缺陷和外部事件四大类别分类。选项 A、E 属于人员因素;选项 B 属于外部事件;选项 C、D 属于系统缺陷。

3.【答案】 ABD

【解析】选项 C,商业银行开发的风险模型要准确,并且能够在未来一定时期内满足商业银行风险管理的需要,这一模型并非一成不变的,需要考虑变化的市场环境和政策;选项 E,商业银行应当意识到,高级量化技术随着业务复杂程度的增加,通常会产生新的风险,如模型风险。

4.【答案】 ABCDE

【解析】区域风险通常表现为区域政策法规的重大变化、区域经营环境的恶化以及区域内部经营管理水平下降、区域信贷资产质量恶化等,其风险预警主要包括:(1)政策法规发生重大变化;(2)区域经营环境出现恶化;(3)区域商业银行分支机构出现问题。选项 B、C 属于政策法规发生重大变化的情况;选项 A、D、E 属于区域经营环境出现恶化的情况。

5.【答案】 ABCD

【解析】行业财务风险主要包括以下 6 种指标:(1)行业净资产收益率,该指标是衡量行业盈利能力最重要的指标,越高越好;(2)行业盈亏系数,该指标是衡量行业风险程度的关键指标,数值越低风险越小;(3)资本积累率,该指标是评价目标行业发展潜力的重要指标,越高越好;(4)行业销售利润率,该指标越高,说明行业产品附加值越高,市场竞争力越强,发展潜力越大;(5)行业产品产销率,该指标越高,说明行业产品供不应求,现有市场规模还可进一步扩大;(6)劳动生产率,该指标在一定程度上反映出行业间的相对技术水平,该指标越高表明其生产技术越先进,单位员工产出越多。

6.【答案】 BDE

【解析】选项 A,负责市场风险管理的部门应当职责明确,与承担风险的业务经营部门保持相对独立,向董事会和高级管理层提供独立的市场风险报告;选项 C,交易部门应当将中台、后台严格分离,前台交易人员不得参与交易的正式确认、对账、重新估值、交易结算和款项收付。

7.【答案】 CDE

【解析】商业银行可使用任何能够反映其所有主要风险的模型方法计算市场风险资本要求,包括但不限于方差-协方差法、历史模拟法和蒙特卡罗模拟法等。商业银行应在每个交易日计算一般风险价值,使用单尾、99% 置信区间,历史观察期长度应至少为一年(或 250

个交易日)。用于资本计量的一般风险价值,商业银行使用的持有期应为10个交易日。

8. 【答案】 DE

【解析】银行实施标准法必须至少符合监管当局以下规定:(1)银行的董事会和高级管理层适当积极参与操作风险管理框架的监督;(2)银行的操作风险管理系统概念稳健,执行正确有效;(3)有充足的资源支持在主要产品线上和控制及审计领域采用标准法。

9. 【答案】 ABC

【解析】商业银行各业务条线的操作风险资本系数(即卢系数)如下:(1)零售银行、资产管理和零售经纪业务条线的操作风险资本系数为12%;(2)商业银行和代理服务业务条线的操作风险资本系数为15%;(3)公司金融、支付和清算、交易和销售的操作风险资本系数为18%。

10. 【答案】 ACE

【解析】商业银行流动性风险管理的核心是要尽可能地提高资产的流动性和负债的稳定性,并在两者之间寻求最佳的风险-收益平衡点,应该重点关注资产负债期限结构、币种结构以及资产负债分布结构的匹配。

11. 【答案】 ABCD

【解析】选项E,承担过高的信用风险可能导致不良贷款及违约损失大幅上升,贷款收益显著下降,从而增加流动性风险。

12. 【答案】 BDE

【解析】商业银行应当根据本机构国别风险类型、暴露规模和复杂程度选择适当的计量方法。计量方法应当至少满足以下要求:(1)能够覆盖所有重大风险暴露和不同类型的风险;(2)能够在单一和并表层面按国别计量风险;(3)能够根据有风险转移及无风险转移情况分别计量国别风险。

13. 【答案】 ABCDE

【解析】声誉风险是指由商业银行经营、管理及其他行为或外部事件导致利益相关方对商业银行作出负面评价的风险。商业银行一旦被发现其金融产品/服务存在严重缺陷(如电子银行业务缺乏足够的安全性和稳定性),或内控缺失导致违规案件层出不穷,或缺乏经营特色和社会责任感,均可能引发声誉风险。

14. 【答案】 ABCD

【解析】商业银行通常需要作出预先评估的风险事件包括:(1)市场对商业银行的盈利预期;(2)商业银行改革/重组的成本/收益;(3)监管机构责令整改的不利信息/事件;(4)影响客户或公众的政策性变化等(如营业场所、营业时间、服务收费等方面的调整)。

15. 【答案】 ABCDE

【解析】流动性应急计划主要包括两方面内容:(1)危机处理方案,规定各部门沟通或传输信息的程序,明确在危机情况下各自的分工和应采取的措施,以及制定在危机情况下资产和负债的处置措施;(2)弥补现金流量不足的工作程序。流动性应急计划具体应包括六部分内容:职能分工、预警指标、应急措施、沟通披露、计划演练、审批更新。其中,沟通披露要求商业银行与重要的存款者和资金提供者保持沟通;由专人负责对外的媒体沟通披露,定期提供合适的对外披露内容,特别是对主要交易对手和资金提供者的信息披露。

16. 【答案】 ABCDE

【解析】银行如果持续性忽视预警指标，并在预警信号产生期间不积极建立流动性储备，则容易成为触发流动性危机的主要原因。流动性风险预警信号包括：（1）银行收入下降；（2）资产质量恶化，如不良资产的增加；（3）银行评级下调；（4）无保险的存款、批发融资或资产证券化的利差扩大；（5）股价大幅下跌；（6）资产规模急速扩张或收购规模急剧增大；（7）无法获得市场借款。

17. 【答案】 AD

【解析】风险评估体系要符合银行内部风险管理和资本管理的需要，充分考虑银行风险管理的组织分工和管理流程，结合银行的风险文化确定相应的评估内容。

18. 【答案】 ACE

【解析】商业银行实质性风险评估的总体要求包括：（1）商业银行应当有效评估和管理各类主要风险。对能够量化的风险，商业银行应当开发和完善风险计量技术，确保风险计量的一致性、客观性和准确性，在此基础上加强对相关风险的缓释、控制和管理。对难以量化的风险，商业银行应当建立风险识别、评估、控制和报告机制，确保相关风险得到有效管理。（2）商业银行应当建立风险加总的政策和程序，确保在不同层次上及时识别风险。商业银行可以采用多种风险加总方法，但应至少采取简单加总法，并判断风险加总结果的合理性和审慎性。（3）商业银行进行风险加总，应当充分考虑集中度风险及风险之间的相互传染。若考虑风险分散化效应，应基于长期实证数据，且数据观察期至少覆盖一个完整的经济周期。否则，商业银行应对风险加总方法和假设进行审慎调整。

19. 【答案】 ABCDE

【解析】市场准入监管的必要性主要包括以下方面：（1）银行是一种含有复杂风险体系的行业；（2）银行具有特殊的资产结构；（3）银行具有很强的公众性；（4）存款人挤兑是对银行稳定很大威胁；（5）银行对社会经济发展和资源再分配有重大影响；（6）银行业具有很强的竞争性。

20. 【答案】 ABCDE

【解析】除 ABCDE 五项以外，采用风险为本的监管发挥的重要作用还有：通过对机构信息的收集、对业务和各类风险及风险管理程序的评估，及早识别出即将形成的风险，具有前瞻性。

三、案例题

1. 【答案】 C

【解析】单币种敞口头寸 = 即期净敞口头寸 + 远期净敞口头寸 + 期权敞口头寸 + 其他敞口头寸 = （即期资产 − 即期负债）+ （远期买入 − 远期卖出）+ 期权敞口头寸 + 其他敞口头寸 = （1500 − 800）+ （200 − 500）+ 50 = 450 > 0，因此，该银行在日元上处于多头，即日元的敞口头寸为多头 450。

2. 【答案】

【解析】（1）累计总敞口头寸等于所有外币的多头与空头的总和，即 200 + 450 + 150 +

80 + 50 = 930；（2）净总敞口头寸等于所有外币多头总额与空头总额之差，即 200 + 450 – 150 – 80 – 50 = 370。

3. 【答案】 D

【解析】短边法的计算分为三步：首先分别加总每种外汇的多头和空头；其次比较这两个总数；最后选择绝对值较大的作为银行的总敞口头寸。该银行外汇多头头寸之和为：200 + 450 = 650，空头头寸之和为：150 + 80 + 50 = 280，由于前一个总数绝对值较大，所以其总敞口头寸为 650。

4. 【答案】 D

【解析】净敞口头寸法主要考虑不同货币汇率波动的相关性，认为多头与空头存在对冲效应，该计量方法较为激进。使用净敞口头寸法得到的总敞口头寸 = 200 + 450 – 150 – 80 – 50 = 370。

5. 【答案】 D

【解析】流动性风险的内部因素包括：出现重大声誉风险，如员工欺诈或丑闻等负面消息，削弱公众对银行的信心，或承诺未能履行，虽然该承诺没有法律约束力，但仍会引起公众和评级机构对银行财务状况的质疑，导致存款支取，或出现挤兑，引发一家银行甚至整个银行体系的流动性危机。

6. 【答案】 BCDE

【解析】选项 A，英国北岩银行从批发市场拆入的资金占 25%，即通过同业拆借、发行债券或卖出有资产抵押的证券来融资，资金主要来源于金融机构。与资金主要来自零售存款业务的其他银行相比，绝大部分资金来源于批发市场使得北岩银行更容易受到市场上资金供求影响。

7. 【答案】 B

【解析】在权重法下，不同资产类别分别对应不同的风险权重/信用转换系数。例如，对现金类资产、对我国中央政府和中国人民银行的债权、对我国政策性银行的债权，风险权重为 0；对一般企业的债权权重为 100%；对符合标准的微型和小型企业的债权权重为 75%；对个人住房抵押贷款债权权重为 50%；对个人其他债权权重为 75%。

8. 【答案】 C

【解析】资本充足率压力测试框架可以视为一个汇总各实质性风险压力测试的平台，能够描绘压力情景下银行的整体状况。资本充足率压力测试框架的主要内容包括情景选择、定量压力测试、定性压力测试及管理行动和结果输出。

9. 【答案】 ABCE

【解析】实施积极的流动性风险管理策略，保持良好的流动性状况能够对商业银行的安全、稳健运营产生积极作用：（1）增进市场信心，向外界表明银行有能力偿还借款，是值得信赖的；（2）确保银行有能力履行贷款承诺，稳固客户关系；（3）避免银行资产廉价出售，损害股东利益；（4）降低银行借入资金时所需支付的风险溢价。

10. 【答案】 D

【解析】选项 D，存贷比 = 各项贷款余额/各项存款余额 × 100%。

11. 【答案】 ABDE

【解析】相比巴塞尔协议Ⅱ，巴塞尔协议Ⅲ突出表现在：(1) 重新界定监管资本的构成，恢复普通股在监管资本中的核心地位；(2) 改进风险权重计量方法，大幅度提高高风险业务的资本要求；(3) 建立逆周期资本监管机制，提升银行体系应对信贷周期转换的能力，弱化银行体系与实体经济之间的正反馈循环；(4) 显著提高资本充足率监管标准，通常情况下普通商业银行的普通股充足率应达到7%，总资本充足率不得低于10.5%。选项C属于巴塞尔协议Ⅱ的内容。